中國歷史研究法

出版說明

錢穆賓四先生，生前爲促進今日國人對我中華傳統文化之認識，曾計劃將其著作分類編爲「小論叢」，以便利靑年學子之閱讀。今素書樓文教基金會乃遵先生遺意，以聯經公司民國八十六（一九九七）年之全集版爲底本，將先生著作分類重排，出版選輯：中國史學小論叢一套，包括中國文化史導論、中國歷史精神、國史新論、中國歷代政治得失、中國歷史研究法、中國史學發微、中國史學名著、政學私言八書。

中國文化史導論一書，爲先生繼國史大綱之後，專就通史中有關文化史一項所作之導論。嘗謂讀者當就兩書合讀，庶可對我國歷史之整全體有較深一層之認識。本書係先生第一部討論中國文化史而同時兼論中西文化異同問題有系統之著作。原著於民國三十二、三（一九四三、四）年對日戰爭期間，迄三十七（一九四八）年夏，交上海正中書局出版。其時大局動盪，未能流傳。四十（一九五一）年台北正中書局再版印行，流傳依然未廣。先生晚歲，每以此爲憾。七十六（一九八七）年，以九十三高齡，再重讀全書，稍加修潤，擬重版發行。書未梓行，七十九（一九九○）年夏，先生已溘然謝世。八十三（一九九四）年，其夫人將本書與新修訂之國史大綱兩書，交台北與北平商務印書

館，兩地同時重印新版，以爲先生百年誕辰紀念。五十年來先生之心願，終獲達成。

中國歷史精神一書，乃民國四十（一九五一）年春，先生在台北應國防部高級軍官組特約講演七次，分別講述史學精神與方法、中國歷史上的政治、經濟、國防、教育、地理與人物、道德精神七題，講辭由先生修潤成書。本書深入淺出，有助讀者在短期內對我國五千年歷史精神之瞭解。本書於民國四十一（一九五二）年由印尼耶加達天聲日報印行，四十三（一九五四）年台北國民出版社出版。民國五十三（一九六四）年，增入先生在台北國防研究院講中國文化與中國人，從中西歷史看盛衰興亡兩講辭，在香港、台北兩地再版，六十五（一九七六）年改由台北東大圖書公司在台出版。八十六（一九九七）年編全集，又增入先生早年舊稿中華民族歷史精神及晚明諸儒之學術及其精神兩文。

國史新論一書，初編於民國四十（一九五一）年，所收論文中國社會演變、中國傳統政治、中國智識分子、中國歷史上之考試制度、中國文化傳統之演進五篇，先後於港、台兩地自印出版。先生生前深以近百年來，我國面臨前古未有之變局，不幸國人對已往歷史認識特爲貧乏模糊爲憂。常望能就新時代之需要，探討舊歷史之真相，以期對當前一切問題，有一本源之追溯與較切情實之考查。本書係以分別、專門、變化三種眼

光治史之所得，以資有志者之參考。民國七十（一九八一）年，本書改交台北東大圖書公司出版。七十七（一九八八）年，先生重編本書，增入再論中國社會演變、略論中國社會主義、中國歷史上的傳統政治、中國文化傳統中之士、再論中國文化傳統中之士、中國歷史上的傳統教育、中國教育制度與教育思想、中國歷史人物、中國歷史上之名將九篇，合爲十四篇。八十六（一九九七）年整編全集，又增入中國歷史上社會的時代劃分一篇；初編所收中國文化傳統之演進一文，先生曾謂該文本爲其中國文化史導論一書之總提綱，今遵先生遺意移附該書之末。

中國歷代政治得失一書，乃民國四十一（一九五二）年春，先生在台北應總統府戰略顧問委員會主委何應欽先生之邀，演講「中國歷代政治得失」一題。講期五次，每次限兩小時，故僅拈漢、唐、宋、明、清五代之政治制度，略舉大綱。本擬就講事後再作增補，不幸先生即因意外腦部受傷，養病期間，僅能就記錄稿稍加校正，是年冬在香港初版。嗣後先生就前稿略加修改，如唐代兩稅制、明代賦稅制度等，均有新資料補充；四十四（一九五五）年在港出版修訂本，六十六（一九七七）年以港版交東大圖書公司在台發行。

中國歷史研究法一書，乃民國五十（一九六一）年，先生在港應孟氏基金會邀請，

作一系列講演，該會定總題爲「歷史研究法」，先生就其總題分通史、政治史、社會史、經濟史、學術史、歷史人物、歷史地理、文化史八部分，作八次講演。講辭由學生葉君記錄，先生再加整理潤飾成書。先生以爲研究歷史，尤應注意歷史背後所蘊藏而完成之文化，曾謂此書亦可另賦一名爲「中國歷史文化大義」。是書於五十（一九六一）年由孟氏教育基金會在香港初版後未再重刊，五十八（一九六九）年在台初版，其後絕版多年。七十六（一九八七）年先生對原書內文略有增潤，並附入早年所作略論治史方法、歷史教育幾點流行的誤解兩文，七十七（一九八八）年由台北東大圖書公司出版。八十六（一九九七）年編全集版，又增入先生早年論文如何研究中國史、歷史與教育、中國今日所需的新史學與新史學家、中國歷史教學、歷史教學與心智修養、中國史學之特點等六篇。

《中國史學發微》一書，大部分爲先生晚年所發表有關史學之綱領，少部分爲先生較早之著作。是書初編於民國七十六（一九八七）年，共收文十四篇，交台北東大圖書公司出版。其中莊子薪盡火傳釋義一文，先生生前已移入舊著莊老通辨一書中，八十六（一九九七）年編全集版，本書改爲十三篇。

《中國史學名著》一書，乃先生於民國五十九（一九七〇）年爲台北中國文化學院歷史

研究所博碩士班學生所開「中國史學名著」課程之全年講堂實錄，旨在指引學生研究史學之門徑。全書由學生戴景賢君隨堂錄音寫出，再由先生刪潤而成。民國六十二（一九七三）年交台北三民書局出版。六十九（一九八〇）年先生又作通體之增刪修潤，八十六（一九九七）年編全集本，即以增修遺稿為底本出版。

政學私言一書，所收十五文皆為抗日戰爭時期所作。其時日寇囂張，時局阢隉，後方人心惶惶不安。本書主旨在從中國固有歷史文化傳統立場，為建立未來新中國之理想作設計藍圖，其範圍包括政治、社會、經濟、法律、教育等各方面。惟先生自以時政為生平所疏，而所言又有違崇重西化之時尚，故特將本書定名為「政學私言」。本書於民國三十四（一九四五）年抗戰勝利初期，出版於重慶。五十六（一九六七）年台北商務印書館再版。其後先生曾重讀此書，就原書有所增修改訂。八十六（一九九七）年整編全集，即以經先生修訂者為底本，又增入先生同時期所寫變更省區制度私議、中國之前途、建國信望三文。

上列八書，台北聯經出版公司於民國八十六（一九九七）年出版全集本時，已校正若干誤植錯字，並增入私名號、書名號、以及酌加引號，以利閱讀；又凡新增各篇，目次中悉標注〔＊〕號。此次重排，除改正若干誤植之錯字外，並將各書中若干篇論文，

再與舊版重校對。排編之工作，雖力求慎重，然錯誤疏漏之處，在所難免，敬希讀者不吝指正。

中華民國九十（二〇〇一）年一月

素書樓 文教基金會

目次

附　錄

序

近人治學，都知注重材料與方法。但做學問，當知先應有一番意義。意義不同，則所採用之材料與其運用材料之方法，亦將隨而不同。即如歷史，材料無窮，若使治史者沒有先決定一番意義，專一注重在方法上，專用一套方法來駕馭此無窮之材料，將使歷史研究漫無止境，而亦更無意義可言。黃茅白葦，一望皆是，雖是材料不同，而實使人不免有陳陳相因之感。

此書乃彙集八次講演而成。在民國五十年，香港孟氏教育基金會邀我去作講演。「歷史研究法」之大總題，乃由此一機構所決定。我則在此講題下，先決定一研究歷史之意義，然後再從此一意義來講研究方法。故我此書，實可另賦一名曰「中國歷史文化大義」。研究歷史，所最應注意者，乃爲在此歷史背後所蘊藏而完成之文化。「歷史」乃其外表，「文化」則是其內容。

本此主要意義而分本講演爲八題。最先是講「如何研究通史」，最後是講「如何研究文化史」。其實文化史必然是一部通史；而一部通史，則最好應以文化爲其主要之內容。其間更分政治、社會、經濟、學術、人物與地理之六分題；每一分題，各有其主要內容。而以文化爲其共通

對象與共通骨幹。每一分題，在其共通對象文化大體系之下，各自地位不同，分量不同，其所應

著重之材料與其研究方法亦隨而不同。讀者勿忘我此八番講演之主要意義所在，自將可見我此所

講，語語有本源來處，亦語語有歸宿去處。

此一講演集，先由我一學生葉龍君記錄講辭，再由我整理潤飾。民國五十年底，曾在香港出

版。惟初版後未再付印。此版乃是在臺之第一版，內容一如初版，只在不關緊要之文字上稍有些

少之改動。因初版並未有序，此版特爲增入，以稔讀者。

中華民國五十八年四月錢穆自識於臺北外雙溪之素書樓

附識

此書多年絕版，今整理重印，略有增潤。並附錄早年兩文略論治史方法、歷史教育幾點流行

的誤解於後。

中華民國七十六年雙十節錢穆自識於臺北士林外雙溪之素書樓時年九十有三

一 如何研究通史

一

本書總講題是「如何研究中國史」。這是第一講，講題「如何研究中國通史」。但講這一題目，容易流於空泛膚淺。請諸位原諒。

讓我首先問爲何要研究中國史？簡單回答：「中國人當知道中國史。」這是一項極普通極基本的道理，我們應當承認。昨天報載美國前總統杜魯門發表談話，主張美國青年應多知道些美國史。同樣，每一個國家的公民都應該知道此關於他們自己本國的歷史。中國人應該知道此中國史。中國史講的中國人之本原和來歷，我們知道了中國史，才算知道了中國人，知道中國人之真史。中國史講的中國人之本原和來歷，我們也可以説，知道了中國史才算知道了我們各自的自己。譬實性與可能性，特異性與優良性。我們也可以説，知道了中國史才算知道了我們各自的自己。譬如我們認識一位朋友，總不能單在他的高矮肥瘦上去認識，當然該知道一些他以往的歷史，如他的姓名、籍貫、學歷、性情、才幹等，我們才算是知道認識了此朋友。我們是中國人，只有在中國歷史裏來認識我們自己。不僅要認識我們的已往，並要認識我們的將來。若非研究歷史，即無

一

從得此認識。

二

歷史有其「特殊性」、「變異性」與「傳統性」。

研究歷史首先要注意的便是其「特殊性」。我們以往的傳統，與其他民族有變有異，有自己的特殊性。沒有特殊性，就不成爲歷史。如果世界上一切國家民族，都沒有其相互間的個別特殊性，只是混同一色，那就只需要，亦只可能，有一部人類史或世界史便概括盡了。更不須，也不能，再有各國國別史之分。

其次，歷史必然有其「變異性」。歷史常在變動中進展。沒有變，不成爲歷史。我們讀小說，常見說：「有事話長，無事話短。」所謂有事即是有變，無變就不見有事。年年月月，大家都是千篇一律過日子，沒有什麼變動，此等日常人生便寫不進歷史。歷史之必具變異性，正如其必具特殊性。我們再把此二者，即「特殊性」和「變異性」加在一起，就成爲歷史之「傳統性」。我們研究歷史，首先就當知道歷史的三種特性。

現在再說中國史和西洋史有何不同。

據我個人意見，至少西洋史是可分割的，可以把歷史上每一時間劃斷。如希臘史和羅馬史，

兩者間就顯可劃分。以下是他們的中古時期，這又是一個全新的時期，與以前不同。此下則是他們的近代史，現代國家興起，又是另一段落了。如此劃分開來，各有起迄。而中國史則是先後相承不可分割的，五千年一貫下來，永遠是一部中國史，通體是一部中國史。戰國以後有秦漢，決不能和西方之希臘以後有羅馬相比。這顯然見得雙方歷史互有不同。此即是我上面所指述的歷史之「特殊性」。但此處當注意者，我們只可說，西洋史可分割，中國史不可分割；卻不能說中國歷史沒有「變異性」。我們只能說，西方歷史的變動比較顯而在外，使人易見；中國歷史的變動，卻隱而在內，使人不易覺察。我常說，西洋歷史如一本劇；中國歷史像一首詩。詩之鄰接，一句句地連續下去，中間並非沒有變，但一首詩總是渾涵一氣，和戲劇有不同。

諸位研究歷史，首當注意「變」。其實歷史本身就是一個變。治史所以「明變」。簡言之，這一時期的歷史和前一時期不同，其前後之相異處即是變。因此乃有所謂「歷史時代」。歷史時代之劃分，即劃分在其變上。如果沒有變，便無時代可分。我們當知，並非先有了各個時代，才有這各個時代的歷史。乃是先有了這一段歷史，才照此歷史來劃分為各時代。時代只是歷史的影子，乃由歷史中照映出時代。無時代之變，便無歷史可寫。如在先史以前，人類存在，已不知其

經過了幾十萬年。但其間變動少，便亦無許多時代可分，亦無詳細歷史可寫。於是便成為我們對這一段歷史之所知少。實因這一段歷史自身之變動少，人類進步遲緩，故無事變可言、時代可分。淺言作譬，如一人，只是生老病死，只是溫飽度日。在其人生過程中，無特殊性，無變異性，其人之一生，便亦無歷史可言。

西洋史總分「上古」「中古」和「近代」三時期。上古史指的是希臘和羅馬時期，中古史指的是封建時期，近代史指的是現代國家興起以後。但中國人講歷史常據朝代分，稱之為「斷代史」。如先秦史、秦漢史、魏晉南北朝史、隋唐史、宋遼金史、元史、明史、清史等。因此有人說中國史只是一部「帝王家譜」，乃把王朝興亡來劃分時代。李家做了皇帝就名唐史，朱家做了皇帝就稱明史。此說實甚不然。一個統一王朝之興起，其政府規模可以維持數百年之久，在這一時期中變動比較少；突然這一王朝崩潰了，另一新王朝起而代之，當然在這兩朝代之間歷史會起大變動；所以把斷代史來劃分時期，就中國歷史言，可以說是一種自然劃分，並無很大不妥當處。

若我們必要比照西洋史分法，則中國的「上古史」當斷在戰國末年。秦以下，郡縣政治大一統局面開始，便該是中國的「中古史」了。但這與西方的中古時期不同。大體說來，西方中古時期是一段黑暗時期，而中國漢、唐時代，政治社會各方面甚多進步。不僅不比我們的上古史遜

色，又且有許多處駕而上之。我們也可將秦代起至清末止，二千年來一氣相承，稱之爲中國歷史之中古期，不當在中間再加劃分。若定要劃分，亦可分做兩期。五代以前爲一期。我們不妨稱五代以前爲中國的「中古史」。這一段歷史，因離我們時代比較遠，由我們現代人讀來，有許多事情也比較地難瞭解、難明白。自宋以下的歷史，和我們時代相接近，讀來較易瞭解、易明白。我們也可說，中國的「近代史」，自宋代即開始了。

如此說來，可以說中國史常比西方史走先了一步。秦代已是中國的中古時期，宋代已是中國的近代時期了。如此便發生了一問題，即中國史爲何似比西方歷史之早熟？但現代史上的中國，卻比西方落後，其原因又何在呢？歷史本不是齊軌並進的，把一部中國史比起西方史來，何以忽然在前，又忽焉在後？近代西方何以如此突飛猛進，近代中國何以如此滯遲不前？這裏面便見出有問題，值得我們去研究與解答。

四

其次，我們研究歷史之變，亦宜分辨其所變之「大」與「小」。例如從春秋到戰國是一變，但這尚是小變；從戰國到秦卻是一大變。自東漢到三國魏晉時代卻又爲一大變。歷史進程，一步步地不斷在變。從此不斷之變中，我們又該默察其究竟變向那裏去。正如一個人走路，我們可以

察看他的行踪和路線，來推測他想走向那裏去。同樣情形，治史者亦可從歷史進程時期之變動中，來尋求歷史之大趨勢和大動向。固然在歷史進程中，也不斷有頓挫與曲折，甚至於逆轉與倒退；但此等大多由外部原因迫成。在此種頓挫、曲折、逆轉與倒退之中，依然仍有其大趨勢與大動向可見。此等長期歷史之大趨勢與大動向，卻正表現出每一民族之「歷史個性」有不同。我們學歷史，正要根據歷史來找出其動向，看它在何處變，變向何處去？要尋出歷史趨勢中之內在嚮往，內在要求。我們要能把握到此歷史個性，才算知道了歷史，才能來指導歷史，使其更前進。使其前進到更合理想的道路上，向更合理想的境界去。

今試粗略言之。中國史的趨勢，似乎總向「團結」「融和」的方向走。雖然其間也有如戰國、魏晉南北朝、五代，以及如今天般的分裂時代；但中國歷史的大趨向，則總是嚮往於團結與融合。西方史則總像易趨於「分裂」與「鬥爭」。中國史上有造反與作亂，但和西方史上所謂革命不同。中國史上也有向外擴展，但與西洋史上之帝國征服又不同。此項所謂歷史的大趨勢大動向，我們無法在短時期中看清楚。但經歷了歷史上的長時期演變，自能見出所謂各自的「歷史個性」，亦可說即是在歷史背後之「國民性」或「民族性」之表現。剛才已說過，中國史即是中國人之來歷與其真實性之表現，西洋史亦即是西洋人之來歷與其真實性之表現。因此，歷史個性不同，亦即是其「民族精神」之不同，也可說是「文化傳統」的不同。一個民族及其文化之有無前

途？其前途何在？都可從此處即歷史往蹟去看。這是研究歷史之大意義大價值所在。

我們該自歷史演變中，尋出其動向與趨勢，就可看出歷史傳統。我此所謂「歷史傳統」，乃指其在歷史演進中有其內在的一番精神，一股力量。亦可說是各自歷史之生命，或說是各自歷史的個性。這一股力量與個性，亦可謂是他們的「歷史精神」。能使歷史在無形中，或在不知不覺中，各循其自己的路線而前進。若那些在歷史進程中沉澱下來的，或僵化而變成的一些渣滓，此乃依隨著歷史生命而俱來的一種歷史病，卻不當誤看為歷史傳統。

五

現在我們再重述前面所講的意義。如何研究歷史？貴能「從異求變」，「從變見性」。從外到內，期有深入的瞭解。我們研究歷史，其入手處也可有三種途徑：

第一種：由上而下，自古到今，循著時代先後來作通體的研究。

治史必有一起點，然後由此以達彼。此起點，即是從入之途。我們研究歷史要先有一知識據點，然後再由此據點推尋到其他另一點。例如這講臺上有茶杯，我知道它是茶杯，同時即知道旁的東西非茶杯。我雖未知此許多東西是何物，但起碼已知道了它決不是一茶杯。如我們讀左傳，先明白了春秋時代是怎麼一回事，待我們讀到戰國史時，便見戰國與春秋有不同。此即所謂「從

異明變」。普通自該從古到今，從先而後地順次讀下。但現代人似乎覺得這樣學歷史太麻煩了，真有「一部二十四史，不知從何說起」之感。也有人以爲古代史已是年代湮遠，和我們現時代太隔別了，似乎不太相干。再來研究它，未免太不切實際。此說若或有理。讓我試講第二種研究歷史的途徑。

第二種：自下溯上，自今到古，由現代逆追到古代去。

只把握住現代史上任何一點一方面，無論是政治的、社會的、經濟的、學術思想的等等，任何一事實一問題，都可據我們眼前的實際問題循序上推，尋根究柢地研究，也可明白出這一事變之所以然來。

第三種：是純看自己的興趣，或是依隨於各自之便利，即以作爲研究歷史的肇端。

例如聽人談到宋史，說起王荊公新法如何，司馬溫公反對新法又如何，忽然引起興趣，便不妨從此一處起，來作宋史之鑽研。只求在一處能深入有體悟，自然會欲罷不能，便推及到其他處去。爲要知道此一事的前因後果，而很自然地上溯下尋，愈推愈遠，這就是一種歷史研究了。又如或是受了某一師友的影響，或偶然讀得一本新書，而得了某一項啟示，因而引起了研究歷史的興趣和動機，也儘可從此入手。總之，要學歷史，只要能知道了某一代，某一地，某一事，或某一人物，都可即此爲據點，來開始前進作研究。例如漢武帝、曹操等人物，都是我們耳熟能詳

的。但我們不僅在外表上只知道一個是紅面、一個是黑面就算。要能從容不迫，沉潛深入，自然漸漸能窮源竟委，作出一番明透的鞭辟入裏的研究來。

但如上述第三種，根據某一問題來研究歷史，實不是最理想的。例如有人提出一問題：「中國何以會有共產黨？」若循此作研究，經過一番推溯，在中華民國政府成立以前，中國並無共產黨；而且在百多年前，此世界亦尚無馬克斯其人。那麼此一問題似乎推究到此即完了，中斷了。你將認爲上面歷史和此無關。如是的心習，會使你走上許多狹窄膚淺短視的路上去。因此即使我們要根據當前問題來推究，也得首先將此問題暫放一邊，平心靜氣，仍從歷史本身的通體來作研究，如此才能對你原有問題得出一正當的結論。我們當知，從研究歷史用心，可以解決問題。若僅從解決某些問題上用心，卻不一定能瞭解歷史。這等於說，「明體」可以「達用」，而求用心切，卻不一定能明體。

故此，我們若真要研究歷史，仍不如從頭到尾作通體的研究。首先便是通史，略知通史大體，再深入分著時期去研究一部斷代史。對一部斷代史有研究，再回頭來接著重治通史，又繼而再另研究一斷代。如此循環不息地研究下去，才是可遠可大，才能真明白歷史上的時代之變，才能貫通上下古今，而獲得歷史之大全。

我們更當明白，在同一時代中，此一事件與彼一事件之彼此相通處，及其互相影響處。但此

也不宜刻意深求。我們若能熟悉於某一時代之橫剖面，自見在此時代中一切政治制度、社會形態、經濟情狀、學術大端、人物風尚性格等等，一一可以綜合起來互相會通；如此才算真明白了此時代。切莫一一各自分開，只作為是一些孤立和偶起的事項來看。我們又當知各事項之相互影響，又有「主」「從」之別。如三國時代，政治變了，社會變了，學術也變了。我們當研究此種種變，主要究自何處發動開始？究竟是由何一項來影響了其他別一項？又如自清代咸同中興以迄今天，一部中國現代史上，也會有不少次的變動，每一變動也多曾引起人鼓舞想望，以為中國有希望了。但事實上，卻是每況愈下，愈變愈壞。我們當問，這些變究自何處來？究竟是要變向何處去？為甚麼總是變不好？我們須從逐件事上會通起來看。此中實是大可研究。這是中國現代史上一大問題，要人具備大見識，纔能對此問題有解答。但若不先精熟這一部現代史，試問何從妄生揣測，或空下斷語來評判現代？即此一例，諸位可知史學之重要。治史要能「總攬全局」，又要能「深入機微」。初看好像說故事，到家卻須大見解。

六

如此說來，事若甚難。但我們只須心知其意，仍不防分途、分期、分題、分類，各就才性所近，各擇方便所宜，乘興量力；只莫以為自己便是史學正宗，只此一家，別無分出。大家各知自

已的限度，如此鑽研下去，也就夠了。

中國人向來講史學，常說要有「史才」、「史識」與「史德」。

一、史才

貴能「分析」，又貴能「綜合」。須能將一件事解剖開來，從各方面去看。如漢末黃巾之亂，可以從政治的、社會的、經濟的，以及學術思想、民間信仰種種角度去看，然後能析理造微，達到六通四解，犂然曲當的境界。另一方面要有綜合的本領，由外面看來，像是絕不相同的兩件事，或兩件以上的事，要能將它合起來看，能窺見其大源，能看成其為一件之多面。這種才智即便是「史才」。

二、史識

須能見其「全」，能見其「大」，能見其「遠」，能見其「深」，能見人所不見處。歷史是一全體性的，並非真個有一件一件事孤立分離而存在。只是我們分來作一事一事看。如一塊石的堅與白，並不能分，只是我們自己的看法與把捉能把它分了。若我們能如是來看歷史，每件事便都能見其大。而且歷史過程也並非一時期一時期的，真可分開割斷的。其實歷史只是通體渾然而下，無間斷、無停止地在向前。我們若能如是來看歷史，自然能見其遠。又要能看出每一事之隱微處，不單從外面看，須能深入看。這樣的見識即便是「史識」。

要之，果尚專業，務近利，則其人決不足以治史。能崇公業，圖遠利，其人始得入於史。中國人自上古即發明史學者在此，西方人近代始有史學亦在此。

三、史德

有了史才和史識，又更須有史德。所謂「德」，也只是一種心智修養，即從上面所講之才與識來。要能不抱偏見，不作武斷，不憑主觀，不求速達。這些心理修養便成了「史德」。我們如能兼備上述三條件，自可研究歷史有高深卓越的造就。反言之，我們從事研究歷史，正可訓練我們分析和綜合的頭腦，正可增長我們的心智修養，正可提高和加深我們的見識和智慧。

七

最後我須指出，研究歷史也隨著時代而不同。時代變了，治學的種種也會隨而變。我們今天所需要的歷史知識，與從前人所需要的可以有不同。我們需要獲得適合於我們自己時代所要求的知識。古人對歷史誠然有許多研究，但有些我們已用不著。我們需要的，古人未必用心到。我們須得自己有新研究，把研究所得來撰寫新歷史，來貢獻於我們自己這個新社會。這是我們所需要的史學。當知歷史誠然是一往不返，但同時歷史也可以隨時翻新。有了《史記》、《漢書》和《東漢書》、三

國志等等斷代史，到宋代司馬溫公，仍可以從頭來寫一部資治通鑑，這是重新撰寫舊歷史。我們今天又和司馬溫公當時的宋代遠不同，我們又該來把舊歷史重新撰寫才是。

寫歷史有兩種分別：

一種是隨時增新的寫。例如中華民國自開國到今已近六十年，我們就該添寫一部中華民國五十年或六十年史。這也不必定由一人寫，盡可由許多人同時來寫。又如在此六十年中，有許多大事，亦該分別寫。如國民革命軍北伐，如對日抗戰，如中共盤踞大陸二十年；這些大事件，都可分頭寫。又如國民政府流亡在臺也已二十年，即該有人來寫此一段的歷史。甚至像我們流亡來香港也已二十年，有史筆的人，也可寫一部「香港流亡史」。在一個時代，必須有了一本本的小歷史，才可由後人來彙集成一部大歷史。現在大家都束手不寫，將來變成一筆糊塗帳，試問叫後人再如何下筆？所以歷史該隨著時代而增寫。譬如過去有十七史、二十四史，接著加上清史，就成二十五史。有三通，又有九通、十通，但不能說中國歷史即止於此，以下便斷了。諸位研究歷史，最大責任，就在此增寫新史上，如此才好讓這部通史直接下去。

另一種是舊史新寫。我們今天仍可再寫一部新的春秋史，新的戰國史，或是秦漢史，乃至其他各種的舊史翻新。時代變了，我們所要求的歷史智識也和前人有不同；所以就該重來寫新歷史。這不是說舊歷史可以推翻不要。所謂舊史翻新，第一條自該根據舊史，不違背舊史原來之真

實性。舊史翻新了，舊史依然存在。只可惜此項舊史翻新的工作，我們也沒有人認真去做。我們前一輩的未盡責任，將這些任務都卸給我們。我們如再不盡責，這也是一時代悲劇。總該有人來負起此責任的。

總之，歷史是可以隨時翻新改寫的，而且也需要隨時翻新改寫的。我們自己不能翻新改寫，卻埋怨舊歷史不適用，那是把自己的不盡責來推到古人身上去埋怨他們，真是不該。試問孔子寫春秋，司馬遷寫史記，豈是為著我們而寫的？諸位若真研究一些歷史，便不致隨便埋怨歷史。我曾寫了一部國史大綱，也是屬於通史的，大家不妨參考一下。在我前後的人，已寫了不少本中國通史，都不妨一看。只可惜現在研究歷史的人也少，所以就不知道這一門學問的行情。假如同行多，自然識貨人也多，就會有個比較；有真行情出現，此下便可有進步。目下由於寫的人少，看的人也少，史學變成獨家冷門貨，無可選擇，也無從評價。這須要有人多寫多比較，自然可望不斷有更好的新貨新花樣出來。

今天我希望在座各位中有能發願來寫中國通史的。預定花二十年時間自可下筆。以歷史時間論，二十年並不長。如一人要能對歷史有貢獻，二十年工夫實在是很短。而且寫通史，也可有各種各樣寫法。譬如寫一部為某一部分人看的，如為成年人看的，為中學生看的，為兒童看的，為研究歷史的人看的，都可以。只要有人肯寫，就決不會嫌多。

怎樣著手寫呢？不妨先看近人寫的，作初學入門。再正式看舊歷史。看得多了，逐漸自己有了見解，再着手寫。你也寫一本，我也寫一本，公平意見也可從此產生，這就成了這一時代的歷史定論。如今西方人寫歷史，他們不可能隨便做翻案文章，因為他們對歷史意見多已有了定論。此一時代有此一時代之定論，要翻也翻不多。舉其大者，如耶穌在西方歷史上是有其確定的地位的。可奇怪的是中國歷史，從現代人看來，似乎一切無可有定論。有人可以輕易否認孔子在中國歷史上的地位。他可不煩花深工夫，也可不致受大責怪。又如西方人崇拜希臘，總是稱讚希臘文化之偉大，這也已是一定論。但我們中國呢？春秋戰國時代是好是壞，誰也可以隨便說。這如民主政治大家都有投票權，所以有多數意見可憑。但我們此刻大家都放棄了這權利，只做一個旁觀者，只憑少數人甚至是獨家的判斷，你說你的，我說我的；於是就不能有共見，有定論了。若果研究這門學問的人多了，其間便可看出一個行情，得出一個定論。這是國人之共見，當然不能由某一人或某幾人把它輕易隨便推翻。

我很希望，今天在座諸位中，有一位或三兩位或更多位，能貢獻出他一生精力來研究中國歷史，來為中國新史學號召起一批自告奮勇的義勇軍出現才行。今天我們確實是在需要有新的歷史的時代中。但諸位在發願寫新歷史以前，當先細心讀舊歷史，不能憑空創新。我希望在這八次空泛的講演中，能得幾位後起青年，激起他們志願，使他們貢獻出一生精力，來致力於中國歷史的

研究。這便是我這番講演的莫大收穫了。

二 如何研究政治史

一

今天是第二講，講題「如何研究中國政治史」。

上次是講的普通史，以下各講爲專門史。先對普通史求瞭解，然後再分類以求。但較前所見的自更深細，更透徹方面分析來看，然後再加以綜合，則仍見此一歷史之大全體。從歷史的各方面分析來看，然後再加以綜合，則仍見此一歷史之大全體。從歷史的各了。

「政治」與「政事」不同。如秦始皇帝統一，漢高祖得天下，以及其他一切內政、外交、軍事等，都該屬於「政事」，歸入「通史」範圍。若講政治，則重要在「制度」，屬「專史」。一個國家，必該有它立國的規模與其傳世共守的制度。這些制度，相互間又必自成一系統，非一件件臨時雜湊而來。

從前人學歷史，必特別注重政治制度方面。亦可說中國歷史價值，即在其能涵有傳統的政治制度，並占有極重要的地位。若不明白到中國歷代政治制度，可說就不能懂得中國史。中國專講

一七

政治制度的書，有所謂三通，即唐代杜佑通典、南宋鄭樵通志、與元代馬端臨的文獻通考。後人又承續此三通，再擴爲九通至十通。二十四史、九通，乃中國史書中最大兩分類兩結集，爲治史者知識上所必備。

爲何講制度的書，必稱爲「通」？這因中國正史照慣例是分代編纂的，即所謂「斷代史」，如漢書、晉書、隋書、唐書等。如將斷代史連貫起來逐年合併叙述，則變爲「編年史」，如司馬光之資治通鑑；此「通」字寓有「編年通貫」之意。但歷史上的事件可以編年通貫，也可斷代劃分。如秦代完了，接著有漢代；漢代結束，接著有魏晉南北朝。此等朝代更迭，即成爲中國歷史上之時代劃分。此在第一講已講過。但中國歷史上的政治制度，則自古迄今，卻另有其一種內在的一貫性。在此一貫中，有因，有革。其所變革處雖不少，但亦多因襲前代仍舊不改的。直到今天，亦仍還有歷史上的傳統制度保留著。這證明，中國歷史上的政治制度，有許多有其巨大的魄力，可以維持久遠而不弊，因此遂爲後世所傳襲。此即中國歷史傳統一種不可推翻的力量與價值之具體表現。因此中國人把此項專講政治制度的書，也稱爲「通史」了。

我們研讀中國史，普通是先讀編年史，再分期專治斷代史，然後再來研究制度方面的通史。其實在二十四史中，本也包含有專講制度的一部分。在史記中稱「書」，如平準書、封禪書等。到漢書改稱「志」。漢書共有十志，都屬講制度方面的。以後歷代正史中多數有「志」，或有

「書」。這些「志」與「書」，因其講的是制度方面，比較專門，普通讀歷史的往往忽略過，不仔細去討究。這些專講人事方面的歷史，大家能讀。其實我們要學歷史，政治制度方面這一項，亦非通不可。清代阮元曾說過：一個人不讀二通，即不得謂之「通人」與「通學」。彼所謂二通者，一指通鑑，即編年通史。另一部指文獻通考，即指講政治制度方面的專門史。這亦是說，要學歷史不可不通制度之意。

二

我們講到中國歷史上的政治制度，大體可劃分為兩段落。前一段落為秦以前的「封建政治」，後一段落為秦以後之「郡縣政治」。封建政治結束，即為中國古代史之結束。此一分法，顯然又與西方歷史不同。在西方歷史上，並無此兩種政治制度之分別與存在。而中國的政治制度則顯見有此大劃分。這亦證明了我上講所說：「每一國家民族的歷史，必有其特殊性，必有其與其他國家民族的歷史不同之處」之一說法了。中國歷史自有其與其他國家民族不同之特殊性，而最顯見者卻在政治上。亦可說中國民族性擅長政治，故能以政治活動為其勝場。能創建優良的政治制度來完成其大一統之局面，且能維持此大一統之局面歷數千年之久而不敗。直到今天，我們得擁有這樣一個廣土眾民的大國家，舉世莫匹，這是中國歷史之結晶品，是中國歷史之無上成

績。因此研究中國歷史，該特別注意其政治制度之一面。

中國歷史，二千年前是封建政治，後二千年是郡縣政治。從前的中國人，人人俱知。但到現在的中國人，對此分別，卻有些不明白了。近人好說「封建社會」。其實今天所謂的封建社會，乃是西方歷史上的產物。只因中國人拿自己固有的「封建」二字，來翻譯西方歷史，遂有此一名詞，以至中西雙方混淆不明。這實在是不妥的。

中國在西周初年，周公創出了一套「封建制度」。其實這一套制度，本是連接着周公以前夏、商兩代的歷史傳統而來。只是經周公一番創作，而更臻於完美。此一套制度，其實即是把全國政制納歸於統一的制度。自天子分封諸侯，再由諸侯各自分封其國內之卿大夫，而共戴一天子。這已是自上而下一個大一統的局面。我們該稱此時期爲「封建之統一」。在西洋歷史上的「封建社會」，則是在下面，不屬上層的。羅馬帝國崩潰了，各地亂哄哄，沒有一個統一政權。社會無所依存，於是一般人相率投靠小貴族，小貴族們又各自投靠依附於大貴族。他們在政治要求上，亦同樣希望有一統一政權，但卻無法實現。譬如築寶塔，由平地築起，卻沒有結頂。在他們那時期有所謂神聖羅馬帝國一名稱，則只是一理想，一空中樓閣，在人心想像中的一個影子組織而已。因此中西歷史上之所謂「封建」，原是截然不同之二物。可惜我們今天沒有人來詳細寫一部周代封建制度的書。事實上在今天來寫此書卻不易；因關於此方面的材料，大都不在歷史書

中，而分散在古代的經書中。今天我們大學開科設系，有「史學」，無「經學」。經學更少人研究，因此此項歷史上重大的專門題目，竟難覓位勝任愉快的人來撰寫。

周室東遷，封建制度瀕臨崩潰，乃有五霸乘時而起。據春秋左傳中記載，當時各地諸侯，為數不下兩百。此種禮文，在當時乃為霸業所憑。若無此種種禮，霸業亦無法出現。此種種「禮」，若用近代新名詞說之，實即是一種「國際公法」。我們可以說，中國之有國際公法，係在距今二千五六百年前。在清末，曾有人依照西方所謂的國際公法，來和春秋時代諸侯各國間種種交際來往的禮文作比較，寫一書，名春秋時代的國際公法。當時著過與此相類之書的，也不止一人。可惜此等書今俱亡佚難覓。客歲我赴美講學，途經舊金山，晤華僑某君；彼正亦有意欲寫此書，聞已積有成稿，惜未能一讀其內容。竊以為此等比較研究，實非穿鑿附會。在中國，實自有那時一套國際間共同遵守之禮法，以之與近代西方的國際公法乃至聯合國憲章等相互對比，雖古今時代不同，然雙方不妨各有短長優劣。好在左傳全書俱在，人人可以來作參證。

我們通常說中國自秦漢以下是統一之開始，其實此說亦宜修正。西周以下，中國早已具有統一規模了。只是那時是封建政治下的統一，而秦漢以後乃是郡縣政治下的統一。雖其間有些不同，但不能謂西周封建非統一。至秦漢以來的郡縣政治，到今天民國時代還存在，中國之永為一

統一國，此項政治制度實貢獻過其甚大之績效。

三

講到此，有一問題須提出。即秦漢以下的中國，早非封建，而改行「郡縣制度」了。但秦漢以下人，仍崇拜周公、孔子爲古代最崇高之聖人。其實，孔子乃係一位仍想恢復周公所訂之封建制度的人物。何以秦代大一統以後，封建制度徹底消滅，而周公、孔子仍受當時人崇拜？此問題之解答，首當注意到中國歷史文化之「傳統性」，政治制度則只是其中之一例。秦以後之政制，有許多精義，仍沿襲周制而來，直至近代皆然。但最近的我們，接受西方學說影響，遂若西周封建制度一無是處。而秦以下之政府，則只以「君主專制」四字目之。這因依照西方人説法，謂凡國體，可分爲「民主」與「君主」。凡政體，可分爲「專制」與「立憲」。於是謂世間政體不外三型：

一、君主專制。
二、君主立憲。
三、民主立憲。

但中國傳統政制，自秦以後有君主，無憲法，而又非專制。此項政體，實無法將之硬歸納入

中國歷史研究法

二二

西方人所定的範疇格式之內。若我們不能確切抉發出中國歷史之「特殊性」，而處處只照西方人意見，把中國史硬裝進去，則中國歷史勢成一無是處。無怪近代的中國人，對自己歷史傳統如此輕視漠不關心，而又有人竟抱深惡痛疾的態度來對待國史呀！

講至此，憶起三十多年前，我在北京大學歷史學系開講「中國政治制度史」一選修課。當時史學系學生多不願修習此課。彼輩認為此刻已是民主時代，開這門課，對時代講來沒有意義。後來還是北大法學院同學，受了該院院長及政治系主任的忠告，勸他們說，你們學的都是西方的政治制度，不妨也知道一些中國以往的，來作比較。因此他們倒有許多人來選修此課。開講既久，文學院歷史系學生也多來旁聽，擠滿了一講堂。這是三十多年前的事。到今天研究歷史的，已頗多知道中國歷史上傳統政治制度之重要，在此方面出版的著作與論文也日見增加，與我當時在北大開課時情形，顯然有甚大的不同了。

四

此刻要來講中國歷史上政治制度之傳統與沿革。茲事體大，殊非一次兩小時之講演所能敘述。不得已，我想約略扼要舉出幾點來作例。

最重要的，是秦以下的宰相制度。此乃中國政府組織中一極特殊的，在西方歷史上很少有同

樣的制度堪與相比。我們可以說，中國自秦以下，依法制言，是「王權」「相權」駢立並峙的。

「王室」與「政府」有分別，自秦以下，早有此觀念，而且此觀念極爲清晰。王室世襲，表示國運之縣延；宰相更迭，則爲政事之時新，在制度上，並未能像現代英國般，把來很嚴格地劃開。

中國人並不認爲一國之元首君主只許掛一空名，絕不許預問政治。因此君權與相權間，一面有許多融通，另一面亦可有許多糾葛。即如諸葛武侯出師表，其中有云：「宮中府中，俱爲一體。」

「宮」即指皇宮言，「府」即指政府言。可見在中國傳統制度及傳統觀念下，此宮、府兩機構是有分別的，而又可調和融通的。像法國路易十四所謂「朕即國家」之說，在中國傳統意見下，絕難認許。中國自秦迄清，大體說來，政府均設有宰相。最低限度說，在明以前是顯然有宰相的。

明代廢宰相，但仍有「內庭」與「外朝」之分別。其間細節雖多變動，但大體制則沿襲不改。宰相以下，政府百官，在中國歷史上稱爲「職官」，或稱「官職」。西方論政重「權」，中國論政重「職」。一官即有一職，無權力之爭。中國人稱「權」，乃是權度、權量、權衡之意，此乃各官職在自己心上斟酌，非屬外力之爭。故中國傳統觀念，只說君職、相職。凡職皆當各有權衡。設官所以分職，職有分，則權自別。非在職位之外別有權。中國史有「職官制」，君亦一職，僅在百官之上斟酌，非在百官之外。又烏得有西方人之所謂「君權專制」？。在中

西方觀念來。實際中國政府僅有職位之分配。我們此刻稱君權、相權云云，實由西方觀念來。實際中國政府組織中之職位分配。

國，權在職之內，非有權始有職。此層分辨極重要，惜乎我在此刻不能暢為發揮。

近代只有孫中山先生，他懂得把中國傳統政制來和西方現代政治參酌配合，他主張把中國政治上原有之考試、監察兩制度，增入西方之行政、立法、司法三權，而糅合為「五權憲法」之理想。我們且不論此項理想是否盡善盡美，然孫先生實具有超曠之識見，融會中西，斟酌中西彼我之長，來適合國情，創制立法。在孫先生同時，乃至目前，一般人只知有西方，而抹殺了中國自己。總認為只有抄襲西方一套政制，便可盡治國平天下之大任。把中國自己固有優良傳統制度全拋棄了。兩兩相比，自見中山先生慧眼卓識，其見解已可縣歷百代，跨越輩流，不愧為這一時代之偉大人物了。

中國傳統政制，除宰相制度外，值得提及者又有考試制度。在中國政治史上，唐代始有考試制度，漢代則為察舉制度，均由官辦。唐杜佑通典第一章論「食貨」，即指經濟制度言。次章論「選舉」，但實際則由漢代察舉下逮唐代之科舉考試。可見考試由察舉來。察舉之目的在甄拔賢才，俾能出任政府官職，處理政事。但察舉非由民選，後因有流弊，唐以後始改行考試。杜佑通典之所以仍用「選舉」舊名，則因選舉制度原為考試制度之濫觴。制度雖變，用意則一。中國自秦以下之統一政府，又可說為是一「士人政府」，亦可謂是一「賢人政府」。因政府用意，總在公開察舉考試，選拔賢才進入仕途。

自中西交通，英國東印度公司首先採用我國考試制度，任用職員。其後此制度遂影響及於英國政府，亦採用考試，成爲彼國之文官制度。其制實係模倣我國而來。後來又影響到美國。但他們實只學了中國考試制度之一半，而仍保留着他們自己傳統的政黨選舉制度。凡屬政府上層主要職位，如總統、內閣首相、國務院及各部首領，皆由政黨選舉制度。

過去數十年來，中國的海關、郵政和鐵路等各機關，因有外國力量羼入，亦均從考試量材錄用，比較上軌道。此項制度，好像學自英國，其實則是吾家舊物。而在政府用人方面，卻轉把舊傳統中考試制度遺忘蔑棄了。只有中山先生主張仍用考試制度，設立考試院爲五院之一。但此後並未能遵照中國舊傳統切實推行，實已名存而實亡。此一制度，可說是我們中國的「民主政治」。惟王室君主是世襲的，宰相以下政府各級官吏，均須公開察選以及考試，循序登進。此項制度，顯然可成爲現代潮流世界性制度的一部分。但中國人則自加忽視。今天雖有考試院之存在，而反不爲我們自己所看重。這實在是大可惋惜的。

五

在中國傳統政制中，上述宰相制與考試制屬於政府方面。現在再略舉幾項制度之有關其他方面者。

首先述及有關社會問題的，如戶口調查。在我幼年時，曾聽大家衆口交譽西方人有此好制度，而中國則無。其實中國自周代以下，直到清代初期，都有戶口調查一項。中國古書常連用「版圖」兩字，「版」字即指戶籍，即從戶口調查而來。在我國歷史上歷代戶口均有紀錄，其調查戶口、登記戶籍之手續與方法，若有人肯根據史籍作爲專題寫一論文，雖不能系統詳盡，但至少可寫成十萬字以上的專書。此書至少可使人知道現代世界性的戶口調查，在中國歷史上已有兩千幾百年之演變。

又如在中山先生的民生主義中，主張「耕者有其田」。此一口號，亦自中國傳統政制來。今天，自由中國推行土地改革有效，賴此使國民政府獲得國際聲譽。其實此一制度，亦是中國舊傳統政制中所有。中國向來土地制度之因革演變，雖歷代各有不同，而大體可謂是朝此一目標而努力。此亦是中國舊政制在現世界潮流中，仍值得重視之一項。

其次說到軍事制度。在五十年前，我常聽人說西方國家的軍事制度好，尤其是他們能推行全民皆兵制，而中國獨否。但西方推行全民皆兵，實自普魯士開始，爲時不到兩百年。而在中國則古已有之。漢代早是全民皆兵。此下歷代兵制雖遞有改變，但如唐代的「府兵」制度，明代的「衞所」制度，皆由「兵農合一」制演變而來，並可說較全民皆兵制更進步。直到今天，西方的全民皆兵制，何嘗不是日就廢替了！可見中國歷史上的兵役制度，直到今天，亦仍有現代性世界

性之意義而值得再加研究。

又有人說，中國從前的軍閥和督軍為國大害；而盛讚西方政制限定軍人不干政之精美。其實此種文、武分職，軍人不干政的制度，在中國又是古已有之，亦屬中國舊制中一項優良的傳統。漢、唐盛時莫不如此。軍人統兵歸來，僅有爵位勳級，地位儘高，待遇儘厚，但在政府中並無實職，不能預聞操縱政事；正與近代西方政制如出一轍。

此下再講到有關經濟制度方面。如漢武帝時代所創始的「鹽鐵政策」，即就近代觀念言，亦是一種頗為進步的經濟政策。西方所謂「國家社會主義」的各項經濟制度，實肇始自德國俾斯麥。但中國在漢代遠已有之，由政府來統制鹽鐵官賣。直到清代，中國社會從未能有壟斷性的大資本家出現，即是此項政制之績效。中山先生提倡「民生主義」，有「節制資本」一口號，其實亦在中國傳統政制中有淵源。中國社會，自戰國以下，自由工商業即甚趨繁榮，但永不能產出資本主義，即由此故。故在中國歷史上此項有關節制資本的一切制度，在現代世界潮流中，實仍有值得注意探討研究的價值。

又如漢代的「平準制度」，此乃一種調整物價的措施。此制度在中國歷史上不斷變通運用。即如糧價一項，遇豐年時，政府以高價收購過剩糧食，以免穀賤傷農。待到荒年季節，政府便以低價大量拋售積穀，寓有賑濟貧民之意。此項制度，隨後由社會上用自治方式推行，即所謂「社

倉」制度。據說美國羅斯福執政時，國內發生了經濟恐慌，聞知中國歷史上此一套調節物價的方法。有人介紹此說，卻說是王荊公的新法。其實在中國本是一項傳統性的法制。抗戰時期，美國副總統華萊士來華訪問，在蘭州甫下飛機，即向國府派去的歡迎大員提起王安石來，深表欽佩之忱。而那些大員卻瞠目不知所對。因爲在我們近代中國人心目中，只知有華盛頓、林肯。認爲中國一切都落後，在現代世界潮流下，一切歷史人物、傳統政制，都不值得再談了。於是話不投機，只支吾以對。

再次講到中國從前的地方自治和藩屬統治制度，直到現代，也是值得再提及。西方此一二百年來，帝國主義大行其道，英、法等國都擁有大量海外殖民地；他們乃自羅馬傳統而來。但在中國，自秦以下，版圖雖大，統一政府所轄範圍雖廣，其政制則是郡縣的，不得以西方傳統的帝國相比擬。但今天的中國人，事事喜歡模倣西方，因此隨口常稱「漢帝國」「唐帝國」云云。難道漢、唐時代的中國人，除卻其中央政府所在地以外，各郡縣便均以殖民地視之，均以帝國征服方式來統治的嗎？試看漢代選舉，唐代考試，對全國各地人才，一律平等看待，各地均有人士平均參加政府。一應賦稅、法律等，亦是全國平等。此等規模，豈能與現代西方帝國之殖民地統治相提並論？即就清代之藩屬統治言，亦尚有中國傳統美意存在，實在還值得今天我們來再行研討呀！

又如中國社會上之宗教信仰，向來是十分自由的。而政府則有一套制度，對此民眾信仰，有頗為開明的管制與調節。因此在中國歷史上，政教分離，又是自古已然，並亦極少有因民間信仰衝突而釀成宗教戰爭的。直到今天，還未有人能仔細來加以研究。我想在中國歷史傳統中，「宗教」與「政府」與「社會」三方面如何配合，於自由開放之中，有其節制調整之用心的種種制度，在今日依然值得注意。

以上只就中國傳統政制，分從各方面隨便舉出幾項，用來說明在此刻來研究中國以往傳統政制，實未見與現代世界潮流有十分隔膜之感。我曾說過，中國傳統政制，乃是貫通於中國全部歷史進程中，而佔有極重要分量之地位者。如此說來，可見研究中國史，自未即與現代世界潮流有渺不相涉的距離存在了。

六

近代的中國人，只因我們一時科學落後，遂誤認為中國以往歷史上一切文物制度全都落後了。此實是一種可笑的推斷。最低限度講來，中國人所一向重視不斷講究的「修齊治平」之道，較之並世各民族，斷不能說是落後。此一分辨，近代惟孫中山先生最先提出。而且據孫先生意見，中國人所講治平之道，實在比之並世諸民族遠為先進。惟孫先生亦只是粗枝大葉地有此看法

而已。若要來仔細發揮闡述，自然應該是有志研究史學者的責任。

今天我們要研究中國制度史，必須注意兩點：

一、研究制度，不該專從制度本身看，而該會通着與此制度相關之一切史實來研究。這有兩點原因：

一因制度必針對當時實際政治而設立而運用。單研究制度本身而不貫通之於當時之史事，便看不出該項制度在當時之實際影響。

一因每一制度自其開始到其終了，在其過程中也不斷有變動，有修改。歷史上記載制度，往往只舉此一制度之標準的一段落來作主，其實每一制度永遠在變動中，不配合當時的史事，便易於將每一制度之變動性忽略了，而誤認爲每一制度常是凝滯僵化，一成不變地存在。

二、研究制度，必須明白在此制度之背後實有一套思想與一套理論之存在。

在西方歷史上，所謂政治思想家，他們未必親身參預實際政治，往往只憑著書立說來發揮其對於政治上之理想與抱負。如古代希臘之柏拉圖，如近代歐洲之盧騷、孟德斯鳩等人皆是。但中國自秦以下即爲一種「士人政府」，許多學者極少著書純講政治理論。這並非中國人沒有政治理想，乃因他們早多親身參預了實際政治，他們所抱負的多少可在實際政治上舒展。當知中國歷代所制定所實行的一切制度，其背後都隱伏著一套思想理論之存在。既已見之行事，即不再托之空

言。中國自秦以下歷代偉大學人，多半是親身登上了政治舞臺，表現為一個實踐的政治家。因此其思想與理論，多已見諸其當時的實際行動實際措施中，自不必把他們的理論來另自寫作一書。因此在中國學術思想史上，乃似沒有專門性的有關政治思想的著作，乃似沒有專門的政論家。但我們的一部「政治制度史」，卻是極好的一部「政治思想史」的具體材料，此事值得我們注意。

七

我根據上述，敢於說，中國人自古代歷史開始，實已表現有一種極大的民族性的天賦能力，即是政治的能力。就空間講，能完成而統治此廣大的國土；以時間言，能縣延此一大一統規達於幾千年之久而不墜。此何以故？一言蔽之，因其能有一種良好的政治故。何以能有此良好政治？則因中國民族天賦有此能創立優良政治制度之能力故。故我說「創制立法」，是中國人天賦上一種優異表現。試舉一簡單易明之例，如中國的賦稅制度，全國各地租稅全是一律。而且能「輕徭薄賦」，主張「藏富於民」。只要此制度一訂立，便易獲得全國人民心悅誠服，社會便可籍此安定幾百年。縱有變壞，經一番亂事之後，此項制度又復活了。此事似極尋常，不值得我們來誇大宣揚。但以此和西方歷史比觀，他們的賦稅正為沒有制度，遂致引起革命，產生近代的民主政治，一切預算、決算都要由民選議會來通過。現在我們偏愛說中國人無法制，無定憲，永遠

在「帝王專制」下過活，那豈非冤枉了中國歷史！這因我們自己不瞭解自己以往的歷史，遂誤認爲自己以往一切完全要不得，於是只想抄襲別人。即就家庭作比，各國家庭，各有貧富職業種種不同，那有能全部抄襲別人家的一套規模，來應用於自己家庭，而可以獲得理想安樂的？何況是一個國家和民族，而立國規模卻要完全向外國去學習模倣，那實在是近代中國一悲劇。

近代的中國人，每每誇耀西方，如電燈，如無線電，如原子彈和火箭等，莫不是別人家在發明。一切近代科學確是如此。但我要試問，如中國歷史上一切傳統政制，如上述宰相制度、選舉制度、考試制度和賦稅制度等，這不是一種發明嗎？這究是誰在發明的呢？我們歷史上的古人，他們究向何處抄襲這一套，而把來傳入中國的呢？我之欽佩孫中山先生，正因他不但能採人之長，補己之短，同時亦能不將自己的優良歷史文化傳統一筆抹殺。他的偉大處，在能確見中國人在政治方面之高明處，實早已凌駕在西方之上。孫先生此說絕非無據。孫先生固不是一位史學家，但他對中國傳統政治之優點，已能洞若觀火。在這一點上，他確是近代一位先知先覺者。

國家之存在，民族之緜延，歷史之持續，自當有隨時革新改進之處。但從沒有半身腰斬，把以往一刀切斷，而可獲得新生的。我們要重新創建新歷史、新文化，也決不能邃爾推翻一切原有的舊歷史、舊傳統，只盲目全部學習他人，便可重新創造自己。這並不是說西方民主制度有什麼不好，但西方有西方的傳統來歷。即如英國和美國，他們的民主制度即已各有不同。中國有中國

自己的國家民族與歷史傳統，幾千年來的國情民風，有些處迥異於他邦。若中國人不能自己創制立法，中國今後將永遠無望。至如最近大陸所提倡的「一面倒主義」，我們固知其決然行不通；

但我們若只知向外抄襲，不論是民主抑是共產極權，又何嘗不是個「一面倒」呀！

我們今天來研究中國政治制度，一面固當比較參考西方的，固當要能追上世界潮流；但亦不可數典忘祖；我們實無此能力來把自己腰斬了而還能生存。我們若從頭再來研究中國傳統政治，第一步不妨先加以分門別類。如政府組織、地方自治等項目，一一弄清楚了，然後再彙在一起。須能看其乃是一整體。又須能配合現實，坐而言，能起而行。當知政治理論並不是紙上談兵。在中國古人中舉出任何一兩位，如董仲舒、司馬光，他們都絕不單是一書生。他們之作爲中國的政治家，都是有抱負而又能見諸實施的。又如唐初名相房玄齡、杜如晦等，他們創立出一套制度來，垂之幾百年，即朝代換了，亦並不能完全蓋過他們，超越他們。這是中國政治家之偉大處。

我們今天如能有人來寫一本「中國傳統政治制度史」，或「中國歷史上的大政治家」這一類書，必可對此下國人發生大影響。這是我所要講的「如何研究中國政治史」的大概。

三 如何研究社會史

一

今天是講「如何研究中國社會史」。

大凡一個國家或民族，能維持一長時期的歷史，到數百年或千年以上，並能有繼續不斷的發展與進步，即此可證此國家與民族，必有其一番潛在深厚的力量存在。必然有其獲得此項成績之主要原因，爲其歷史發展與進步之所以然。我們最要者，當上察其政治，下究其社會，以尋求此潛力所在。關於政治方面，我已在上次講過，此講繼論社會。

中國社會堅韌性最大，持續力最強，故能延續迄今有四千年以上之悠久傳統。而且又是推拓力最大，融化力最強。故即就目前世界論，中國社會依然最廣大，能伸展到世界每一角落去。

「社會」一詞，亦是外來的新名詞。中國古人稱社會爲「鄉」。鄉的觀念，在中國一向極受重視。所謂「觀於鄉而知王道之易」，這就十足透露中國古人對於社會重要性之認識。但西方人注意社會問題，則是近代的新觀點。尤其是馬克斯，主張把社會形態來劃分歷史進程。他把西方

社會分別爲三形態：

一、奴隸社會。

二、封建社會。

三、資本主義社會。

馬克斯把此三種社會形態來配合於西方歷史上古、中古、近代之三分期。他說，上古希臘、羅馬時代是奴隸社會，中古時期是封建社會，近代則是資本主義的社會。他並推斷此後則必然爲共產社會無疑。馬氏的唯物史觀及其共產主義之理論及預言，固爲一般西方人所懷疑，且多持異議者。然西方史學家終亦無法否認馬氏所指出的社會三形態。因馬氏所言之三形態，乃根據西方歷史之已成事實歸納來說，並非嚮壁虛構。

但就我們東方人看法，則馬克斯之歷史知識實僅限在西方。彼所分別之社會三形態，是否可運用之於中國社會，則確係一大疑問。我在首講中，已指出任何一國與一民族之歷史，必然會有其特殊性。我們決不認爲世界人類歷史，乃遵循同一軌道演進，而相互間可以更無異致者。不幸的是，我們現代的中國人，在辛亥革命前後，大家說中國自秦以下兩千年只是一個「專制政治」。自五四運動前後，大家又說，中國自秦以下兩千年只是一個「封建社會」。此種說法，只是把中國歷史硬裝進西方觀念中，牽強附會，實際毫無歷史根據可言。我在此講中，擬扼要指出

兩點歷史事實，來證明中國社會決不能和西方中古時期之封建社會相提並論，以推破近代中國人此番無據之讕言。

我在上次已說過，西方封建社會乃起於北方蠻族入侵，羅馬帝國崩潰之後。此時不僅在上無一個統一政府，連地方政府亦無法存在。社會上各自投靠依附於較大勢力者以求自保。如是自下而上，逐層築起了一種封建的架構。我們通常說，西方封建社會中，有「貴族」與「平民」兩階級。自經濟觀點言，貴族即是「大地主」，平民則是地主屬下所統轄的「農奴」。但在中國歷史上，自秦迄清，在上始終有一統一政府。統一政府之下，並有郡縣地方政府。是否可說那時社會上的知識分子即等於西方封建社會中之那輩大地主？中國社會知識分子固亦有擁田產收田租者，可是在他們田產上從事耕種的民戶，是否亦相等於西方封建社會下農奴的身份？首先中國社會知識分子，並非即是封建貴族。其次絕大多數農民，都係屬於統一政府下之自由公民，則如何可說中國社會即相等於西方中古時期的封建社會呢？

西方封建社會之地主階級，是世襲的貴族。但中國歷史上之土地兼併，則係民間一種自由買賣。一輩士人經選舉或考試，獲得政府職位，籍其俸祿所入而購置些少田產，自屬在所不免。但此等地產，並無明定世襲之權利。往往傳經一兩代之後，又轉爲他人所有。而且中國歷史上之知識分子及士大夫階層與其耕戶，同樣都受政府法令統制。在經濟上言，貧富自有差異。在法律上

言，則無顯著之身份分別。國家對於裁抑兼併及平均地權，屢有新法令之規定與措施。如何説中國秦代以下的社會，便與西方封建社會相同？

再就另一點言，我們都知西方封建社會之崩潰，係由自由工商人即中產階級在城市中興起，因而自由資本主義社會替代了封建社會而興起。但中國歷史上之城市，頗多縣延有二千五百年以上的長時期。即如廣東省番禺一城，秦始皇設三十六郡時，番禺即為南海郡之首府，距今在兩千年前。又如江蘇省之蘇州，即吳縣，此城在春秋時為吳國首都，直傳至今，已有兩千五百年以上之歷史。此外如春秋魯國都城曲阜，至今殆已有三千年之歷史存在。諸位讀西洋史，當知城市不在封建社會系統之內。近代西方城市興起，在西方史家有許多專書叙述。但中國歷史上之城市，則同為政治與工商業之中心。而在春秋時代，城市工商人已有其一份在政府法令保護下之自由。例如春秋魯昭公十六年，晉卿韓宣子欲向鄭國取回一對玉環之一，但鄭子產告以此環乃在買人之手，政府無權向之索取。韓宣子又欲直接買諸商人，子產又告以鄭國政府無權過問而作罷。舉此一例，自由工商業在春秋時已存在，戰國以下更不論。上面有統一的政府，下面有自由工商業，試問在此情況之下，是否會有如西方中古時期封建社會產生之可能呢？

惟其中國歷史是一貫縣延從未中斷的，因此中國城市能有二千年以上之歷史縣延者，為數甚多。遠在春秋時，城邑可考者當達兩百左右；其間則有迄今超越三千年以上之長時期存在者。自

秦漢推行郡縣制，每縣必有一城爲其治所。漢元帝時，縣邑一千三百餘；此一千三百餘城邑，其沿革都可考，至今絕大多數依然在原地址上存在，或略有遷移。其城郭建置，自已經過不少次之改修與新建。要之，這些城市，不僅作爲一政治中心，同時亦是一工商業中心。環繞著它的四鄉，即憑此作爲一物資集散之樞紐。此和西方中古時期之城市，獨立於當時封建系統以外者，大不同。

論到中國城市之商業情況，在戰國時，齊國首都臨淄，已有居民七萬戶。論其口數，應在三十萬以上，或可達五十萬。如唐末黃巢之亂，廣州一城死於戰亂之番胡，爲數有十萬之巨。又如宋代金兀朮南侵，蘇州一城死者達五十萬。至如揚州城，自唐迄清，始終爲一大商業中心，所謂「腰纏十萬貫，騎鶴上揚州」，可想像其市場繁榮之一斑。至如歷代首都所在地，如西漢之長安、東漢之洛陽，南北朝時代南方之金陵、北方之洛陽，唐代之長安、洛陽，宋代之汴京、臨安、遼、金、元、明、清歷年上下之燕京，其居民之繁夥，商業之旺盛，皆有史冊可稽。如謂此等城市，乃是散布在封建社會中，而能相互融爲一體，試問可有此說法否？

在中國歷史上，中國社會和西方封建社會比較最多相似處，似當在蒙古統治下之元代。但我們若一讀馬可波羅之東方遊記，便可感到即在元代，中西雙方社會情形之仍不相似處。無怪西方人讀馬氏書，要認他爲信口開河，像神話一樣底不真實了。

二

上面只說了中國傳統社會決不如西方中古時期之封建社會，來破近人之讕言。但中國社會究是何等樣的社會呢？有人說，若非封建社會，則定是奴隸社會或資本主義社會了。我們當知中西歷史並不定限在同一軌道上前進，中國歷史有中國歷史之特殊性，中國社會亦自有其特殊性所在。西方人做學問，喜創新名詞，但西人所創名詞，未必即適用於中國。我們若問中國社會究是何等的社會？我們只能自鑄新詞，再作解釋。若一味鈔襲，把中國社會說成爲「亞細亞式的封建社會」，或「前期的資本主義社會」等等，如此牽強比附，終無是處。我認爲中國社會之最特殊處，便是在中國社會中同時有士、農、工、商之四民。若我們必爲中國社會定一名稱，則不如稱之曰「四民社會」，較爲合宜。在此四民中，「士」之一民最爲特色。其他社會中，很難找出和它同樣的流品。春秋時，中國社會尚顯分貴族、平民兩階級；但在此時，「士」之一流品已漸興起。「士農工商」四字連用，始見於戰國時代人書中。自秦以後，中國古代之封建貴族已全崩潰，於是四民社會遂正式成立。我認爲直到今天，「四民社會」一名詞還可適用。

但歷史常在變動中。秦以後兩千年來，中國社會不能沒有變。我試就此兩千年來之中國社會再爲劃分：其最重要的劃分標準，則乃側重在社會中「士」的地位之變動上。就中國歷史大傳統

言，「政治」與「社會」常是融合爲一的，上下之間，並無大隔閡。其主要關聯，即正在「士」之一流品。士是社會的主要中心，亦是政府之組成分子。中國向稱「耕讀傳家」。農村子弟，勤習經書，再經選舉或考試，便能踏進政府，參與國事。故「士」之一流品，乃是結合政治、社會使之成爲一體之核心。我將試照中國歷史上關於此一方面之變動情況，來爲中國社會再細加劃分，約略可有下列之數時期：

一、游士時期

此爲春秋末貴族級崩潰、士人新興之一轉型期。先秦諸子百家，自孔子儒家始，此下像墨子、孟子、莊子、荀子、老子，乃至戰國策士如樂毅、魯仲連以及公孫衍、張儀等，他們各懷一套理想，或抱一片野心。有的憑其人格感召，有的鼓其如簧之舌，周遊各國。朝秦暮楚，所謂「孔席不暇煖，墨突不得黔」。不遑寧處，以期行道得志於天下。因此而有百家之爭鳴。上面結束了春秋時期的封建貴族社會，下面開起秦、漢以下之士族新社會。我們可姑名此時期爲「游士社會」。

二、郎吏時期

此一段時期指兩漢言。我初定此名，心甚不惬。因稱「郎吏社會」，不易使普通人瞭解。此非稍熟漢代制度不可。因此又擬改稱爲「察舉社會」。此一時期之士人，都須經過察舉才得從

政。亦或可稱爲「太學生社會」。因當時的察舉，多須先經太學生階段。總之，此一時期，上面的政府已變成士人政府，而士人參加政府之路徑，首先是爲郎、爲吏。士人得爲郎吏之資格，則因經地方察舉獲入太學。故我擬爲此一時期之社會定此名稱。逮士人在政府方面正式奠定其仕途，於是其在社會上之地位與身份亦逐次提高增長；於是在此時期之後半段，漸有士族興起。我們亦可稱之爲「士族興起時期」，或徑稱「士族社會」。

我們亦可說，封建貴族崩潰在春秋之末，而士族興起則在東漢之初。而自戰國至西漢，全爲此兩個社會之轉型期。

三、九品中正時期

此在魏晉南北朝時。此時期也可稱爲「門第社會」。乃承接兩漢士族興起，而達於士族全盛之時期，亦可稱爲「士族確立時期」。但我們不能即認「士族」或「門第」爲封建，因當時仍有一個統一政府臨制在上，而下面復有自由工商業資產階級之存在。此項士族與門第，則因其爲溝通政府與社會之一橋樑而特占地位，卻與西方中古時期之封建貴族仍不相同。

四、科舉時期

唐代科舉制度產生，而門第社會逐次崩潰，又爲社會一轉型期。下及宋代，魏晉以來相傳大門第，幾乎全部消失。此下便成爲近代中國的社會，即「白衣舉子」之社會。此種移轉，本極重

要，但因其只是漸變，非突變，故不易為人覺察。近人梁任公曾說：「中國歷史上沒有革命，只有造反。」此語亦對。若要在中國歷史上尋找像西洋史上的激烈革命，事殊不易。中國社會只在融洽的氣氛下逐步向前推移，並不能在倉卒間用暴力推翻這個，再在霎時間陡然來興起那個。如先秦時期的封建貴族崩潰，唐代之士族門第崩潰，皆是社會內部之大變。但此等變化，皆在和平中展演，非關革命，故使人不覺。我們亦可稱唐代科舉為「門第過渡時期」。

五、進士時期

科舉進士，唐代已有。但絕大多數由白衣上進，則自宋代始。我們雖可一並稱呼自唐以下之中國社會為「科舉社會」，但劃分宋以下特稱之為「白衣舉子社會」，即「進士社會」，則更為貼切。我們亦可稱唐代社會為「前期科舉社會」，宋以後為「後期科舉社會」。當然到了明清時代，科舉制度又已略有差別，但我們卻可不必再為細分了。

我們亦可稱西漢時代，為戰國諸子百家中孔孟儒家獨出得意的第一時代。此下東漢時期，印度佛教東來，中國道教繼起，幾乎由宗教勢力來代替了傳統的士勢力。宋代則為孔孟儒家獨出得意的第二時代，傳統的士勢力幾乎又漸代替了宗教勢力。所以中國秦以下之士傳統，尤以漢、宋兩代為代表。清代之有漢學、宋學之分者，其要由此。

馬克斯對社會演進的看法，主要以生產工具影響經濟發展之觀點為出發；推論至極，遂成為

一種「唯物史觀」。我講中國歷史，則將社會中「士」的一階層之地位變化，來指出中國社會演進之各形態。此乃就事論事。根據中國歷史社會實況，而分別爲以上各時期。卻非先立下了一種哲學的歷史觀，來勉強作此支配。我之此說，亦僅在提供治史者作參考。如諸位能在此外有更好的分法，自可繼續提出，再作研討。總之，歷史事實俱在，無論何種看法與想法，須求不背歷史真實，則是一大原則。

茲再簡括說之。士爲中國「四民社會」中一領導階層，農則爲中國「四民社會」中之基本階層。其他工、商兩業，留待下次細講。要之，我們該根據歷史實事求是，作客觀之分析。西方人自據西方歷史來作研究對象，其所得結論，未必可以全部搬到東方社會來應用。又且我們中國社會緜延四五千年，一貫禪遞而來。故家遺澤，積厚流光。其所以能有如此之内蘊，必有值得我們作續密精詳推求之必要，則斷無可疑。

三

現在再略述研究中國社會史之有關書籍材料的問題。

普通意見，認爲中國史籍一向只專重在上層政治史方面，關於下層社會史方面之資料甚感缺乏。實亦不然。從中國文化傳統觀點言，中國一向注重下層社會，更過於其注重上層政治，那有

對此方面之史料反付缺如之理！主要是中國史籍之記載方法，自有一套體例。若我們不先明白其體例，便不知何項材料應向何種書中或書中之那一方面去找尋。即就正史論，其中所包有關社會史之材料已甚豐富；只我們未經細讀，不知別擇，遂誤認爲中國正史中對社會下層史料不加注意。此事牽引太遠，在此且不深論。此下當特別提出某幾種特別材料，爲研究中國社會所宜注意者。

如我們有意研究唐以前的中國社會，則有兩種中國古學必須注意：

一、是「氏姓」之學。

二、是「譜牒」之學。

此兩種學問，其實仍是相通，可合作一種看。關於秦漢以前氏姓之學、譜牒之學之有關中國史之研討處，此亦略去不論。僅自漢代起。在當時社會，開始有士族興起，又轉成爲大門第。整個社會便把氏姓、譜牒來分別「士」「庶」。至今流傳社會之百家姓一小書，則成於宋初。諸位莫謂百家姓只是一冊通俗小書，在此通俗小書中，正可指示研究中國社會史一項特該注意的要目。古代有關氏姓、譜牒各項材料，在百家姓此一小書之前的，現在都不完備存在，有待我們去稽鈎考索。但在百家姓以後，中國社會家譜盛行，此項材料，到處可得。但從最近此一百年到五十年來，各姓家譜急速散失，只能在某些三大圖書館中去查閱了。但真要瞭解中國社會之特殊性所在，

此項材料，總是不得不注意。

我們可以說，「家族」是中國社會組織中一最要的核心。但唐以前，族之重要性尤過於家。宋以下，則家之重要性轉勝於族。而「家」與「族」之所由組成，以及其維持永遠之重要機能，則在「禮」。要研究中國社會史，不得不瞭解中國社會相傳所重視之禮。禮之研究，有極專門的，但亦有極通俗的。如婚喪喜慶均有禮，而喪禮尤要，因喪禮與宗法相通。在唐代杜佑通典中，關於此一方面之材料，搜羅尤備。此因魏晉南北朝下迄唐代，正是門第鼎盛之時，故杜佑作通典，在此方面特所注意。自宋以下，中國社會已變，故馬端臨作文獻通考，在此方面即忽略了。除宗族禮制外，中國一向有「家訓」「家教」等一類書籍與散篇文章，流傳保存下來的爲數也不少。此等也該注意，可與上述材料共同研尋。

除上舉的一種史料之外，研究中國社會史尚有另一種史料當注意，便是「方志」。中國地方志書，實是豐富美備。宋以下，省有省志，州有州志，府有府志，縣有縣志，甚至書院學校有志，寺觀廟宇有志，鄉里社團有志，山林古蹟有志，分門別類，應有盡有。論其卷帙，真所謂「處則充棟宇，出則汗牛馬」。近代西方人士對中國之「家譜」與「方志」皆特別重視，正因此兩者係西方史籍中所無。但在中國近代潮流所趨，此兩項著作體例，新的已絕難繼越，舊的也快沒人理會。這誠是大可惋惜的。

方志為書，溯其淵源，甚為遙遠。清代四庫提要上說：「古之地志，載方域、山川、風俗、物產而已。」元和郡縣志頗涉古蹟，太平寰宇記增以人物，又偶及藝文，於是為州縣志書之濫觴。我們亦可說，原先注意的只在地理和政治方面，以後逐漸轉移到社會和人物方面來。大致是時代變，社會情勢變，史書體例與內容自亦隨而變。其實中國方志，自宋以下，已逐漸走上了成為各地的「社會史」之途徑。惟因開始是由志地而起，後人太過注重在此類著述之體例之來歷上，卻沒有注重在此類著述之內容之衍變上。因此究竟方志該重在地理方面，抑該重在歷史方面？直到清代儒家如戴東原、章實齋等，尚在爭辯不決。但我們用現代眼光來看，中國方志在不知不覺中，其實早已走上了一種社會史的道路；至少也已是在方志中保留了絕大部分各地的社會史料；這是更無可疑的。

就後代一般的方志體例言，其所記錄，舉凡其地之大自然、天文氣候、山川形勢、土壤生產、城市關隘、道路交通、風土景物、鄉俗民情、歷史變遷、政治沿革、經濟狀況、物質建造、人物面相、宗教信仰、學校教育、文化藝術等，凡屬有關其地之各種情狀演變，分類列目，靡不畢載。我們只須一翻各方志之分類目錄，便知其內容所述，大體均與各地社會史料有關。我們若要研究社會史，本該將其社會之大自然背景、歷史沿革、政治、經濟、物質建設、藝術愛好、人物德性、風俗、信仰等種種方面，綜合會通，融凝如一的來加以研究始得。若依此理想，則中國

的方志，正是研究中國各地社會史之絕好材料，其意義自躍然可見了。

要研究中國方志，其事也可分幾方面下手。一方面將中國各地方志歸納起來作綜合研究，看出其間之共通性與傳統性。然後再從另方面把各地域分開來看，看其各自所有之個別性與特殊性。自時間來說，並可劃分各時代，看其演變趨向之大勢。所惜是近代中國學術界，尚未在此方面能用大力來真實發掘。余意若要研究中國社會史，除正史外，最要材料，若能用中國的地方志與家譜配合參究，必然可能有許多寶貴的發現。所以特地在此提出，請諸位有志作此項研究者注意。

四

其次，當注意的便是，要研究社會史，應該從當前親身所處的現實社會著手。「歷史傳統」本是以往社會的記錄，「當前社會」則是此下歷史的張本。歷史中所有是既往的社會，社會上所有則是現前的歷史。此兩者本應連繫合一來看。我常謂社會譬如一個庭園，裏面有林林總總的花草樹木；其中有幾百千年的根盤老樹，也有移植不到一月幾旬的嬌嫩芝卉。在同一橫斷面下，有不同之時間存在。以此來看社會，有的習俗流傳至今已有幾千年以上的歷史了，但也有些是今天剛產生的新花樣。此社會之橫切平斷面，正由許多歷史傳統縱深不同的線條交織而成。社會就是

歷史進程的當前歸宿，社會是一部眼前的新歷史。歷史家把歷史分爲上古、中古、近代和現代，但還有眼前史。此當前的社會，呈顯於我們面前之一切，實爲最真實最活躍的眼前史。

我試給他起一名稱，我將戲謂之「無字天書」，一部無字的歷史天書。此外一切史書著作，只都是「有字人書」。有字人書的價值遠不能超過了無字天書。中國古代大史學家司馬遷早就悟到此，所以他在寫史記以前，便從事於遊歷，遍到各地親眼觀察；讀通了這一部無字天書，才下筆來寫他的有字人書。但我們今天也得反過來講，我們也須能先讀通了有字人書，才能來瞭悟此無字天書。否則縱使此一人終身生活在某一社會中，可以不認識此社會。縱使他畢生在此世界上周遊，亦可不瞭解此世界。可見「無字天書」該與「有字人書」參讀。歷史是已往的，社會是現存的。如說社會是一個發光體，那麼歷史就是這一發光體不斷放射出來的光。必待有某樣的社會，始能產生某樣的歷史。一切有字人書，全本此無字天書而寫出。因此各位如要研究歷史，不該不落實到現實社會。諸位如欲瞭解此現實社會，也不該不追究到已往歷史。此兩者，總是不可偏廢才好。

若各位能懂得了眼前的那本無字天書，再進而往上追溯，由本鄉本土各方志所載，再追溯到各項史籍，這始是考尋始末，窮原竟委。「原」即指歷史言，「委」即指社會言。但話雖如此，當我在講此番話時，我心上卻覺十分難過。姑就我一人的生活言，自十歲開始有知識起，這六十

多年來的中國社會，一回溯，全上心頭，真可謂世變日亟，人事全非。中國社會在此六十年中，驚波駭浪，層翻叠起，使人置身其間，大有眼花撩亂，目不暇給之感。這社會變化委實太大了。

在抗戰時期，我避難後方，得遍經華南及西南地區，如湖南、廣東、貴州、雲南、四川各省；凡所到，覺得那裏的社會尚保存著很多傳統的古老風情，尚如我幼年時在江浙所見。但抗戰時的江浙，已早不是那情形。尤甚的，如今天大陸上的變化，想來將更是急劇而巨大。儻我們仍想根據今日眼前所見，來追究已往，在此研究中國社會史一大題目上，這項工夫真是大大不易。昔孔子作春秋，曾分爲「所見」、「所聞」、「所傳聞」之三世。我們此刻，需能好問多聞，越過此所見、所聞、所傳聞之一百年，才能把我們眼前這一本無字天書，向上唧接到前代人的有字人書上去。然將仍嫌文獻不足。這是一個文化脫節的時代。若我們將來返回大陸，那時的中國大陸社會，將更是面目全非。苟非有大智慧、大學問，無疑在此一大浩劫、大悲劇之後，即使要做此一番連貫研究的工作，也甚不易呀！

但話雖如此，究竟當前的中國社會，依然是一個傳統的中國社會。前幾年，我有機會去南洋，曾作過幾次講演。有一次，講及與中國社會有關的問題，我曾說：「中國人來海外，是隨帶著中國的文化而俱來的。換言之，是隨帶著中國的文化而俱來的，亦是隨帶著中國的歷史傳統而俱來的。」證據何在？即在目前南洋各埠到處所表現的華僑社會那幾本無字天書上。甚至遠在歐

美各地的華僑，他們雖然寄居異鄉，可是只要有華僑聚居，仍可看出他們是生活在一個中國社會中。華僑去海外，他們都是赤手空拳，孤單奮鬥，而是在佔有絕對優勢的其他民族歧視排擠與巨大壓力下，而能憑他們的一份智慧技巧和勞力血汗，來爭取他們的生存。甚至在異邦他鄉，也能頭角崢嶸，各有他們對當地建立了大量不可抹殺之貢獻與功績。這因在中國人各個人身上，都有此一分中國的歷史文化傳統，社會凝結精神，相與俱往，故能如此。這是眼前的明證確據，只我們不能把此中真義盡情發揮出來，便成為知其然而不知其所以然。我們若能由社會追溯到歷史，從歷史認識到社會，把眼前社會來作已往歷史的一個生動見證，這樣研究，才始活潑真確。

不要專在文字記載上作片面的搜索。

中國社會是廣大的，又是悠久的。我們要研究中國社會，不僅當從社會的橫剖面看，尤應從其歷史傳統方面去看。歷史變了，社會自亦隨而變。也可說，正因社會變了，所以歷史亦隨而變。但歷史與社會，都有一不變的傳統存在者。譬如我們看今天的香港，我們要能逆溯上去，遠在鴉片戰爭之前，直到鴉片戰爭之後，香港社會自有其甚大之變。到今天，西方物質文明所加被於香港社會的，固是日新月異而歲不同，但香港社會卻依然十足是一個中國社會。在這上，我們可悟到社會之所以成為一社會者，其主要特殊點究何在？我們自亦可以悟到，若我們來研討香港社會之傳統性，決非單拈著「封建社會」與「資本主義社會」之兩個舶來名辭，便能解釋、便能

明瞭的。

因此研究社會，即猶如研究歷史；同時，研究歷史，亦即猶如研究社會。主要在能把握其「傳統性」，顯出其「特殊性」，看出其人羣相處間幾項一定的關係。即如何由「個人生活」融凝轉化爲「羣體生活」之幾條道路；即人類相互接觸間，有關其思想、情感、信念等等，如何能趨向於和諧與合作，發展與進步。這是研究歷史和社會之最大節目與綱領。因此我們說，要研究社會史，決不可關著門埋頭在圖書館中專尋文字資料所能勝任。主要乃在能從活的現實社會中去獲取生動的實像。也不可在你腦中先存著要解決某一社會問題而來作研究；更要是能先忘掉此問題，然後能鑑空衡平，自下至上的先求對此傳統社會通體明白，徹底瞭解。到那時，你要解決某項問題，才可有真知灼見來下手。

我今天所講是從歷史研究的觀點出發，來談如何研究社會史。時間所限，到此就作結束吧。

四　如何研究經濟史

一

今天我講「如何研究中國經濟史」。在講入正題之前，我先要闡述一下中國歷史傳統對經濟問題所抱一項主要的觀點，即是物質經濟在整個人生中所佔地位如何？經濟對於人生自屬必需，但此項必需亦有一限度。亦可說，就人生對經濟之需要言，並不是無限的。經濟之必需既有一限度，我姑稱此限度謂之是經濟之「水準」。儻經濟水準超出了此必需限度，對人生可謂屬於不必需。此不必需之經濟，我姑稱之謂是一種「超水準」之經濟。它既已超過了人生必需的限度，這便是無限度，亦即是無水準可言了。

「低水準」的必需經濟，對人生是有其積極價值的；可是不必需的「超水準」經濟，卻對人生並無積極價值。不僅如此，甚至可成為無作用，無價值，更甚則可產生一些反作用與反價值。照人生理想言，經濟無限向上，並不即此種經濟，只提高了人的欲望，但並不即是提高了人生。抑且領導人生向上者，應非經濟，而實別有所在。此一觀點，實乃中國人對是人生的無限向上。

經濟問題之一項傳統觀點。其在中國經濟史之發展過程中，甚屬重要，我們要研究中國經濟史，必須先著眼把握此點。此亦中國歷史所具特殊性之主要一例。

中國以農立國，只有農業生產爲人生所最必需，乃最具「低水準經濟」中所應有之積極價值者。昔英國社會學家詹姆斯撰有社會通銓一書，彼謂社會演進之順序，首係游牧社會，次爲農業社會，再次始爲工商社會。其實此說並非完全恰當，因由農業社會進入工商業社會後，農業仍不可缺。若一社會脫離了農業，此社會即無法生存。至於近代帝國主義下的社會，憑其超水準經濟來推進其殖民地征服，此項事實，不可爲訓。

馬克斯繼承詹姆斯之後，似乎他的眼光，也都注重在工商業方面。馬克斯的經濟理論，主要在從工業生產中，指出一項剝削勞工的「剩餘價值」來。馬克斯雖提倡「唯物史觀」，但其眼光所到，似乎並未看重到農業，亦未爲此農業生產在他的理想社會中作一好好底安排。今天共產社會所最感煩擾棘手不易解決的問題，亦即在農業生產問題上。可見近代西方學者論社會，論經濟，都不免太過側重於工商業而忽略了農業。這實是一大紕繆。

中國又是一個大陸農國，物資供應，大體上可以自給自足。中國古人，似乎很早就覺悟到我上面所說低水準經濟之積極價值方面去。正爲對於人生的低水準經濟需要易於滿足，於是中國歷史很早就輕鬆地走上了一條「人文主義」的大道。中國的人文主義，亦可說是「人本位」主義。

因此中國歷史上各項經濟政策，亦都係根據於其全體人羣的生活意義與真實需要，而來作決定。

農業經濟，最為人生所必需。其他工商業，則頗易於超出此必需的水準與限度以外，而趨向於一種不必需的無限度的發展。如現代資本主義社會般，人生似乎轉成追隨在經濟之後。經濟轉為主，而人生轉為副。這是本末倒置了。

中國的歷史傳統，常能警惕地緊握著人生為主而經濟為副的低水準的經濟觀。故談及經濟問題時，常特別注重於「制節謹度」這四個字。「節」與「度」即是一水準，「制」與「謹」則是慎防其超水準。中國人傳統意見，總是不讓經濟脫離了人生必需而放任其無限發展。此項發展，至少將成為對人生一種無意義之累贅。一部中國經濟史，時常能警惕著到此止步，勒馬回頭。這是一大特點。

故中國經濟的理想水準主在「平」。孔子言：「貧而樂，富而好禮。」此「貧」字，其實即是一低水準。由有富而始見其為貧。富者，則求能好禮。禮之意義，亦即在求其「平」。故中國社會之人生標準，主要即在其求「平」而能樂；其最終標準，則曰「天下太平」。

二

西方歷史主要即在求「不平」。中古時期封建社會崩潰以後，即產生了自由工商業。其實在

中國，大體上，亦有此相似趨勢。當戰國以下，古代封建政制崩潰，社會上便興起了三種新勢力。直到漢代，其情勢甚為顯著。在太史公史記中有儒林、貨殖、游俠三列傳。姑略加分說。

第一類：為「儒士」。

即儒林傳中人物，屬於「士」之一階層，乃由戰國游士演變而來。只是由列國分爭時代的游士，演變為大一統政府下安心歸集於同一中心之下的儒士，這一不同而已。要之，士的勢力，在當時已幾乎代替了古代的封建貴族的勢力，但亦只代表著其一部分之勢力而已。

第二類：為「自由商人」。

在戰國時如陶朱公、白圭，下逮呂不韋，以邯鄲大賈，位至秦相。可見當時商人勢力之大，已駸駸乎超過封建貴族之上了。太史公貨殖傳稱此一批人為「素封」，即指其憑藉財力來代替以往封建貴族在社會上之地位。雖沒有封地，而等如有封地，故謂之「素封」。

第三類：為「游俠」。

此種人在西方歷史上並沒有相類似之發展。在中國古代社會中，游俠之背景先似近於「士」之一類型，而終究則歸屬於工商業貨殖傳一類型中。不過游俠所為，乃是專在營幹冒犯政府法令之工商生利事業，故當時稱之謂「奸」。舉例言之，如入山開礦、鑄錢、燒炭、掘冢等。此類事業，都是結集羣體勢力來從事違法的生產。太史公貨殖傳中亦云：「其在閭巷少年，攻剽椎埋，

劫人作姦，掘冢鑄幣，任俠兼併，借交報仇，篡逐幽隱，不避法禁，走死如騖，其實皆爲財用。」這一番叙述，已指出漢初游俠行徑與貨殖中人之異途同歸了。

此三類人物，顯然就是古代封建貴族崩潰以後，社會上新興之三流品。當時惟儒林中人物，只在農村裏面半耕半讀，安分守己，不失一平民身份。而那些商賈、游俠，則無不交通王侯，奴役平民，在社會上佔有絕大勢力。但自武帝重儒生，開始組織「士人政府」，一輩士人所抱的觀點，乃在政府中活躍呈現；遂開始來禁絕游俠，裁抑商人，使此下的中國社會，走上一條與西方歷史絕不相同之路向。正因爲中國的士，尤其是儒家，他們都抱有一番如我上述的經濟觀點。此種觀點，當然導源於農村社會者爲多，醞釀於工商城市者爲少。由於抱有此種觀點的人物，出來站在政府上層作領導，遂使此後中國社會，乃別有一種頗爲特殊的發展。茲姑舉先秦時代三本在後代最顯著最流行的儒書中所言，來代表當時中國人對經濟意見之一斑。

三

一、論語云：

不患寡而患不均，不患貧而患不安。

此兩語，在中國經濟史上，二千年來，乃爲國人最所服膺之一番理論。即使我們把來用諸今日，

仍覺切中時弊。我們也可說，二十世紀的世界並不窮，人口生殖率也不弱，所患只是在「不均」和「不安」。我們當知，若專從經濟著眼，一切仍只以經濟爲主，則此後世界將永遠無法得均、得安。孔子此語，雖說的是經濟，但主要著眼處則並不在經濟上。

二、大學云：

有德此有人，有人此有土，有土此有財，有財此有用。

此處之所謂「德」，即是大學開首所謂「明明德」之「明德」。人類有此明德，纔可相結集。人之結集，即是土地之拓展。土地拓展了，則不患財用不充足。近代西方帝國主義殖民政策，則與此正相反。因於財用觀點而拓展土地，而奴役人民，而斲喪明德。這就本末倒置了。

大學此幾句話，亦與近代人提倡的戶口政策不同。近代人認爲須有足夠的土地，終能維持適當數量人口的生計。因此人口數量不該超過有限土地所能承擔的生產力。在中國過去社會，此項理論殊不適用。因過去中國是一大陸農國，人羣和合了，同時即是土地展拓了，也即是財用充裕了。因此說：

德者本也，財者末也。外本內末，爭民施奪，是故財聚則民散，財散則民聚。

大學這一番理論，貢獻給此下中國作爲一種傳統的經濟政策之張本，我們不可不注意。

三、荀子云：

聖人制禮義，以養人之欲，給人之求，使欲必不窮乎物，物必不屈於欲。二者相持而長，是禮之所起也。

荀子主張，我們的物質欲望不可超過現有的物質限度。當然現有的物質限度亦須能適應現有人之物質欲望。在此兩者間，須能相互調節，使人的內心欲望與外在物質生產，雙方相持而長。荀子此番話，亦是一種「人文本位」的經濟理論。

可以說，中國人一向的經濟理論，都是以「人文主義」為立場，或說是以「道德主義」或「禮義主義」為立場的。人生的欲望，本可無限地擴張提高；但欲望無限提高，並非人生理想所在。若使物質經濟常追隨於人生欲望之後，而求其無限提高，此將使人生永成一無限。無限向前，卻是無限的不滿足，與無限的無休止。此將是人生之苦痛與禍害，決非人生之幸福與理想。故領導人向前者，應屬之於道德與禮義，不應屬之於欲望與經濟。人之種種欲望與物質經濟，同須受人生理想與道德之領導。

四

此項理論到漢代時，又出了幾位有名人物如賈誼、晁錯、董仲舒等，彼等之政治抱負與經濟理想，大體言之，均是因襲上述儒家思想而來。我姑舉董仲舒所言以資證明。

董仲舒云：

使富者足以示貴，而不至於驕。使貧者足以養生，而不至於憂。以此爲度而調均之。

此處所引董仲舒之所謂富與貧，其實只是在同一水準上比較有此分別而已。無論富與貧，同樣不該「超水準」，而此水準則以人生的理想爲依歸而樹立。人都該能活得，而尤該活得近理想。即如目前西方國家，在亞、非地區所以不得人緣，有些就是患了「富而驕」的病。他們因和人貧富相差太懸殊，便不免視別人爲落後民族，以爲予以一些經濟援助，便是拯救了這些地區。僅知有經濟，不知經濟以外有人生，則富必然會驕；因驕而生出人類相與之不和與不睦來，卻非經濟所能解決。

但「富而驕」固不可，「貧而憂」也須防。經濟條件降落到一種必須水準之下去，這亦會發

當知社會決不能絕無貧富相差，但當使富者僅在社會上能表示其地位之較高而止。如大政治家、大藝術家、大科學家等，他們在社會上貢獻比別人大，自當獲得一份比別人較高的地位與待遇。此種差別是有理由的。即如當前共產主義國家裏面，豈不是此輩人之地位與待遇仍然高出常人嗎？此等差別，我們實無法反對。只是不要讓人由富生驕，喪其明德，則於己無益，於人有害了。至於窮人，與富相較，則自見其窮。既有富，必有貧，亦所難免，但也要使貧者能獲得他們低水準的必需，有他們低限度的生活，不要讓他們内心老憂慮。

生人羣間之不安與不和。董仲舒的意思，就是要在「富而不驕」「貧而不憂」高下有寬度的節限中，來維持一個相當有伸縮餘地的社會經濟水平。「以此爲度而調均之」。「此」字所指，主要即是一種「德」，如不驕不憂之心理狀態，更重要過於不必需的經濟條件。

漢武帝採用了董氏政策來節制資本，裁抑兼併，尤著者，如鹽鐵政策。據司馬遷史記所云：「猗頓用鹽鹽起，而邯鄲郭縱以鐵冶成業，與王者埒富。」鹽鐵爲人生日常必需品，不當由私家操縱專利。漢武帝此項制度之用意，永爲後世所承襲，遂使此後中國社會永遠不能有壟斷爲利之大資本家出現。我們當知在此種制度之後面，實有一番人生理想與經濟理論在作領導；故使中國社會在封建政制崩潰之後，不轉到資本主義社會路上去。故自漢武帝開始建立「士人政府」以後，貨殖、游俠一批人物便潛消於無形。而自史記以後，除班固漢書因襲史記外，二十四史中也不再有貨殖、游俠列傳了。即班氏漢書亦以此譏史公，謂其「序游俠則退處士而進姦雄，述貨殖則崇勢力而羞貧賤」。班氏此一評語，正可說明此下中國社會何以不再容游俠、貨殖中人得勢的一般意見。

現在人不悟此中因由，以爲唯有太史公有史學特識，故能提出此兩列傳；以後史家無太史公一般識見，遂不知爲貨殖、游俠寫列傳。其實此後中國社會已正式成爲「四民社會」了，商人與游俠已失卻其「素封」與新貴之地位，不能如漢初般在社會上發生出特殊作用，故後來史家也就無

法再爲他們另立專傳。正爲的是歷史上無此現象，卻不便是史家無此識見呀！

五

我們可以說，中國此下經濟制度大體承襲了此一傳統。先說保持必需經濟的「低水準」方面。我將姑舉幾項大綱目言之。首先當言「平均地權」之一項。此即向來學者所愛言之「井田」思想。其在歷史上見之實施者，爲各時代之「均田」制。主要是裁抑兼併，所謂「富者田連阡陌，貧者亡立錐之地」，此乃中國歷代政府所力求糾正者。隨於土地政策而來者，如廢除奴隸使成爲自由民，以及歷代賦稅制度之主於輕徭薄賦，以及各項憫農、恤貧、救荒、賑災、公積、義倉，及獎勵社會私人種種義舉善行，以寬假平民，力求安和；此皆中國兩千年來政府所傳統倡導盡力履行者。這些工作之背後，均受一輩士大夫之鼓吹與支持，其意只在使一般人民的經濟生活不墮落於過低水準。

再説防止經濟超過「高水準」，走上不必需的經濟之無限發展者。除上述鹽鐵政策，禁止日用必需品之爲商人所壟斷專利等以外，又如禁止商人進入仕途；此亦爲中國傳統法制一大端。董仲舒嘗云：

明明求仁義，君子之事。明明求財利，小人之事。

此所謂「小人」，乃指只為私家私人謀生計滿足；以其平素用心在私，故不能付之以國家之重

任。「明明求仁義」，則是存心在公；非士人專一詩書，求明義理，不能有此。故付託以國家重

任者，亦必在此輩。董仲舒又云：

　　正其誼不謀其利，明其道不計其功。

當知道義乃人生所必需，功利則往往有不必需又超於必需之外者。故當以「道義」為經濟立限

度。偏重「功利」，則易趨於無限度。董仲舒之言，極為近人詬病，其實就中國歷史傳統言，此

等言論，皆有甚大影響，而非誠可詬病者。我們當細求其意旨所歸，不當因其驟然看來和我們意

見不同，便肆意輕蔑，不求理會。

又如漢代有禁止商人衣絲乘車之事。此種限制，直到清代，還是時時變相出現。但若因此而

認為中國歷史傳統一向輕賤商人，則亦不盡然。左傳云：「通商惠工。」此四字為歷來所奉守。

「通商」者，即通商販之路，令貨利往來，給予商人以種種之便利。又如孟子說：「關市譏而不

征。」當知歷來商稅皆不高，有些時且不徵商稅，商品在全國各地可以自由流通，絕無阻滯留礙

之虞。如在晚清咸同年間，為平洪楊亂事，創辦「釐捐」，當時曾引起極大爭執；此等皆是一時

不得已而為之。諸位當知，中國政治傳統，只是防止商人專為牟利而妨害了社會，卻並不允許政

府專為牟利而妨害了商人，可知賤商之說亦不公允。

中國歷史上，工商業在古代已甚發達，如南朝以下之廣州，唐代以後之揚州，此等城市，其商業繁榮之情況，屢見於歷史記載，多有超出吾人所能想像之外者。即如宋人所著太平廣記一書，其中所載瑣事軼聞，大可想見在當時中國各地之商業情況，足可打破我們所想像中國永遠留在農村社會之一假想。我們僅可說，中國工商業一直在發展情況下繁榮不衰；惟遇到達社會經濟物質條件足以滿足國民需要時，中國人常能自加警惕，便在此限度上止步，而希望轉換方向，將人力物力走上人生更高境界去。故中國歷代工商業生產，大體都注意在人生日常需要之衣、食、住、行上；此諸項目發展到一個相當限度時，即轉而跑向人生意義較高的目標，即人生之「美化」，使日用工業品能予以高度之「藝術化」。遠的如古代商周之鐘鼎彝器，乃至後代之陶瓷器皿、絲織、刺繡，莫不精益求精，不在牟利上打算，只在美化上用心。即如我們所謂文房四寶，筆精墨良，美紙佳硯，此類屬於文人之日常用品，其品質之精美，製作之纖巧，無不遠超乎普通一般實用水準之上，而臻於最高的藝術境界。凡此只求美化人生，決非由牟利動機在後作操縱。又如中國人的家屋與園亭建築，以及其屋內陳設，園中佈置，乃及道路橋樑等，處處可見中國經濟向上多消化在美育觀點上，而不放縱在牟利上。我們治中國經濟史，須不忘其乃在全部文化體系中來作此表現。若專從經濟看經濟，則至少不足瞭解中國的經濟發展史。

說到工業，中國歷史上有幾項著名的大工程，如秦以後的萬里長城，又如隋代與元代所開濬

之運河。此種大工程，亦莫不與國防民生實用有關。總而言之，中國人只注意經濟之必需。如此

而有裕，即著意在人生美化上。雖中國民族亦具有偉大的製造工藝才能，但亦都不從牟利上著

眼。故經濟之向上發展，雖同屬於一種物質方面的，而西方則偏在科學機械方面，中國則偏在藝

術陶冶方面。孟子曰：

　　王何必曰利，亦有仁義而已矣。

六

人生美化、藝術化，亦屬「仁義」方面。科學與藝術，亦是一種「義」「利」之辨。至如核子武

器之發明，則爲一種大不仁，可見中國傳統經濟觀，均是一種人文本位、道德本位者；重人生，

不重經濟。經濟只以輔助人生，非以宰制人生。於是經濟發展，遂成爲有限度的。

在中國古代有一書，名周官，亦稱周禮。此書實爲中國古代一部奇書，猶如西方希臘哲人柏

拉圖之著有烏托邦理想國。此書當屬戰國末年人作品。書中假托周代官制，有意把政治、社會、

經濟、教化治於一爐，是亦主張一種人文主義之經濟政策者。後人遂多疑以爲乃周公著作。

後代曾有三位政治人物，想依照此書推行新政。一爲西漢末年之王莽，一爲南北朝時代北周

之蘇綽，一爲北宋神宗時之王安石。此三人中，結果二王推行新政都失敗，惟有蘇綽一人成功

了。這因王莽、王安石皆在社會經濟條件較佳情況下，來推行淍官政策，裁抑工商業太甚，以至失敗。而蘇綽則在社會經濟條件較不佳之情況下，來推行淍官政策，故不見有裁抑工商業過甚之病。

此處亦可看出中國歷史進程中之一種「中和性」，不走極端，不爲過甚。而同時亦見中國歷史傳統，本不專向裁抑工商業一方推進。過份裁抑工商業，必然將招致惡果無疑。若我們仔細一讀王莽、王安石兩人之政治失敗史，便可透悟此中消息。尤其當王安石時，一輩舊黨反對新政，此輩人亦多屬儒士，可謂與王安石在學術上仍是同一路線者。我們若仔細去讀當時那些反對派的言論，更可透悟出中國傳統思想中對經濟觀點之內涵意義之另一方面來。

近人粗治西方思想，震驚於王莽、王安石兩人之經濟措施，有些與西方意見若相暗合，卻不懂他們究竟爲何失敗？於是儘罵中國人守舊，儘罵中國傳統輕視工商人。此等皆是推想失實。

七

根據上述，我將重新指出我以前所一再提及的，即中國歷史之「渾融一體性」。故我們要研究中國政治史，或社會史，或經濟史，只當在文化傳統之一體性中來作研究，不可各別分割。我們當從政治史、社會史來研究經濟史，亦當從政治思想、社會思想來研究經濟思想，又當從政治

制度、社會制度來研究經濟制度。在此三者之上，則同有一最高的「人文理想」在作領導。循此以往，中國歷史之傳統與其特殊性，便不難找出答案來。

現在再論到中國經濟中幾項特有情況，有很多問題乃在西洋史中所未見或少見者，而亦遂為今日國人所忽略了。就中國人傳統觀念言，一個時代，若其物質上之積聚多而消散少，此時代即富而安，否則反是。在上如帝王之驕奢淫佚，而浸淫及於士大夫生活。又如政府之冗官冗吏，過量開支。對外則有防邊與開邊，或窮兵黷武。凡此種種，皆足以招致國庫空竭，人民貧乏。如漢武帝遠征匈奴，以為可以一勞永逸，但到末年，終不免有輪臺之詔，自悔當年之措施。唐中葉以後，亦可說是因於有一種接近「帝國主義」之向外擴張，而招來國內之不安，乃致生出五代之黑暗時期。又因中國國防線太長，如宋代，如明代，皆因防邊而動用浩大之財力，耗散浩大之人力，亦為造成當時國勢衰弱之一因。又如「河患」與「漕運」兩問題，此亦為中國歷史所特有。黃河屢有泛濫潰決之患，歷代專設機關特命大員設法防治，耗費甚巨，常因此而激起社會的經濟危機。漕運乃指水道運輸糧食言，或運至京師，或供應邊防，或沿途分儲倉廠，皆稱漕運。此亦為中國歷史上一大消費，皆因中國所特有之地理背景而引起。此黃河與漕運之兩大問題，在中國史書中，歷代均有詳細叙述。此兩事，每使歷代政府歲縻鉅帑，耗費國家財力，不可計算。欲研究中國經濟史，此等特殊問題亦不可不一加注意。

又如唐以前之門第社會，雖若迹近封建，導致社會不平等，然當時之大門第實為社會財富之積聚中心。社會因有此積聚，而使一般經濟易於向上。唐以後，則是一個白衣進士的社會；財富分散了，經濟無積聚，好像更走上平等。但一切社會上應興應革之事，反而停滯，無法推動。此因社會力量因平鋪而癱瘓了，不易集合向前發展。此一問題亦極重要。但在今日講來，已是歷史上之過去陳迹，因亦沒人注意了。但此實是宋以下中國常苦貧乏之一因，值得再提醒。

但若總括來說，中國歷史上的經濟情況，自秦迄清，直到道咸年間，向來可說是較佳於西方的。經濟落後，只是近百年事。我們儘可說，在近代西方科學興起以前，中國經濟一向勝過於西方。只因近代科學興起，而中國經濟遂見落後。此下我們將如何引進近代西方之新科學而又能保持中國經濟舊傳統，即仍然保持中國一向堅守的「人文本位」之經濟思想與經濟政策，使新科學興起後之經濟發展，仍不致「超水準」而走向無限度與不必需的發展上面去。此是一大問題，有待中國自己此後新起的經濟學家來設計，來督導，來創立一種適合中國傳統社會的新經濟思想與政策及制度。在中國歷史上，能特創新制度，來解決當時代之種種問題的大政治家、大經濟學家，固已代有輩出。但今天我們則失卻此自信，種種聰明，都奔湊到鈔襲與模倣上；自己不能創造，也不敢創造。惟此厥為中國今日最大最深之一病。

西方人有他們一套浮士德式的無限向前精神，有他們傳統的個人主義、自由主義，與財利主

義。他們一意提高物質生活，而把其他人生儘追隨著向前。我們明知此一套精神實爲中國社會所不易接受。而他們這一套精神，亦已弊病百出。但我們偏要勉強學步，則所謂落後，便真成爲落後，而無法追上了。故中國今後最要急起直追者，卻不是追隨西方，乃在能追隨中國古人那一種自創自闢的精神。

即就經濟史上之種種發明而言，如鈔票是發明在中國的，如近代山西票號之信託制度等金融措施，亦是中國人自己發明的。若把中國經濟史上種種出自中國人自己發明的方法和制度等，一一羅舉，亦足增長國人之自信。我們今後正須在經濟制度、經濟政策、經濟思想上，自己因地制宜，別有建樹，則首先得回頭一看中國過去的一套經濟史。這更是我們研究此下經濟發展，所應注意的。

五 如何研究學術史

一

今天所講是「如何研究中國學術史」。

根據以前數講，有關政治、社會及經濟諸端，可以明顯地看出中國歷史之渾融一體性。而中國歷史之所以能不分裂與無中斷，亦頗於此可見。中國歷史文化傳統源遠流長，在其內裏，實有一種一貫趨嚮的發展。我們並可說，中國歷史上之傳統理想，乃是由政治來領導社會，由學術來領導政治，而學術則起於社會下層，不受政府之控制。在此一上一下循環貫通之活潑機體之組織下，遂使中國歷史能穩步向前，以日臻於光明之境。

上講我已提及中國歷史上之偉大人物周公。周公實近似於西方哲人柏拉圖在其理想國中所要求的理想政治領袖。但周公不是一「哲人王」，僅是一「哲相」。他可說，是以一「學者哲人」身份，而來建立了西周一代的政教禮制，奠定了中國此下數千年的優良基礎。周公之後，繼者有孔子。孔子所理想，即是復興周公之道。孔子曰：「甚矣！吾衰也！久矣，我不復夢見周公。」

可見他對周公之衷心嚮往。孔子在政治上雖不得意，但在學術上則有更偉大之成就，更深遠之影響。中國此後之全部學術史，即以孔子及其所創始之儒家思想為主要骨幹。我們又可以說，以學術來創立政教制度者，以周公為第一人，而孔子繼之。如韓昌黎所說：「周公在上，故其事行。孔子在下，故其說長。」兩人之不同者在此。

此後先秦諸子，他們中的多數，亦如周公、孔子般，同有一番他們的政治理想與政治抱負。他們亦都想把他們所各自開創信守的一套學術思想，來創建一新制度，推行一新政治。此等態度，可說與儒家基本精神相差不遠。至秦漢以後，中國學術大致歸宗於儒家。此非各家盡被排斥之謂，實是後起儒家能薈萃先秦各家之重要精義，將之盡行吸收，融會為一。故在先秦時，儘有百家爭鳴，而秦漢以後，表面上似乎各家都已偃息鼓，唯有儒家獨行其道。按諸實際，殊不盡然。此因中國學術精神，乃以社會人羣之人事問題的實際措施為其主要對象，此亦為中國學術之一特殊性；儒家思想之主要理想及其基本精神即在此。而先秦各家思想，大體亦無以踰此。故能匯歸合一，而特以儒家為其中心之主流而已。

故中國學術之主要出發點，乃是一種「人本位」主義，亦可說是一種「人文主義」。其主要精神，乃在面對人羣社會中一切人事問題之各項實際措施。如上述政治、社會、經濟諸端，皆屬此對象下之一方面、一部分，皆可以「實際人事」一語包括之。故中國學術精神之另一表現，厥

為「不尚空言」，一切都會納在實際措施上。所謂「坐而言，起而行」。若徒言不行，著書立說，只是紙上加紙，無補實際，向為中國人所輕視。因此如西方所有純思辯的哲學，由言辯邏輯可以無限引伸而成一套完整之大系統大理論者，在中國學術史上幾乎絕無僅有。故在中國學術史上，亦可謂並無純粹之思想家或哲學家。「思想」二字，實近代中國接觸西方以後所興起之一新名詞，中國舊傳統只言「學術」，或言「學問」，不言思想。因中國人思想之對象即在實際人事問題上，必須將此思想從實際措施中求證驗。所謂「言顧行，行顧言」，而無寧尤貴行在言前。

故中國哲人之一切言辭，似乎只是一種人生經驗與其績效之概括的敘述與記錄而已。其立言大本，即在人生實際，不在一套憑空的思想體系上。

如論語開首即云：

子曰：「學而時習之，不亦說乎！有朋自遠方來，不亦樂乎！人不知而不慍，不亦君子乎！。」

此不能謂是孔子之一套思想或理論，僅可謂是孔子對於全部人生提綱挈領的一項敘述而已。此乃由孔子觀察日常人生，及其切實踐履，所獲得之親身經驗之一種記錄。因此我們對孔子此番話，亦不能隨意運用自己一套思想或語言邏輯規律來加以批評。因此乃孔子所親身體會之一種實際人生，不是一純思想，或純理論。若欲領悟此中滋味，亦必得投身於此實際生活中，親身有此一番

實際體驗，才能印證其說。因此中國人講學問，恆以「知」「行」兩字並重。無論説「知難行易」、「知易行難」、「知行合一」云云，均將知與行兩項連在一起説。即如上面所舉論語首章，你必真做到「學而時習之」的工夫，纔能體驗出此心喜悅之情，這是第一步。繼此以往，然後「有朋自遠方來」，便覺無比快樂，此為第二步。更進而達到「人不知而不慍」的境界，此為第三步。我們當知，如無第一步實踐，便無從有第二步。如無第二步到達，亦無從説到第三步，此屬一種人生境界，非關思想體系。因此中國人教人做學問，必須知行配合來做。即如「學問」二字，也都是屬於「行」的方面者。「學」與「問」，皆須從實習下手。

此種精神，卻可謂與西方人之現代科學精神相近似。科學研究必重實驗，實驗到這一步，再推想到另一步；如此逐步推進，卻不走遠步逃離實驗憑空一口氣推想出一番大道理來。但中國學術傳統，究與西方近代科學有其迥異處。這因西方近代科學所研究之對象，乃指向於自然界之一切實物與現象；而中國傳統學術所着意者，乃在人文界之一應實事上。自然物變動少，研究自然可有一恆常不變之共同對象。因此前一人研究所得，後一人可以憑此繼續深進。探求了這一面，再繼續進入另一層。研究科學可以按部就班地拾級而登，後人所發明或發現，常可超越前人，有日新月異之慨。近代有了愛因斯坦，便可超越了昔時牛頓所發明之幾項定律，而更有新發明。後人有新發明，前人所發明者即續被修正。

但此種情勢不能轉用到人文界。人是活的，人常在變動中，人事亦常在變動中，真所謂「不居故常，一日二日萬幾」。所以處理人事，只有「因地制宜」之一法。驟然看來，似乎中國人講學術，並無進步可言。但諸位當知，這只因對象不同之故。即如西方人講宗教，永遠是一不變的「上帝」，豈不較之中國人講人文學，更為固步自封，頑固不前嗎？當知中國傳統學術所面對者，乃屬一種瞬息萬變把握不定的人事。如舜為孝子，周公亦孝子，閔子騫亦復是孝子；彼等均在不同環境不同對象中，各自實踐孝道。但不能因舜行孝道在前，便謂周公可以憑於舜之孝道在前而孝得更進步些，閔子騫又因舜與周公之孝道在前而又可以孝得更進步些。當知從中國學術傳統言，應亦無所謂進步。不能只望其推陳出新，後來居上。這是易明的事理。

其次，再說到人事牽涉，固屬複雜多端，但既屬人事，則必是可以相通合一的。因此中國以往學者，很少對政治、社會、經濟等項，分途作各別鑽研的。因人事只是一整全體，不能支離破散來各別對治。如硬要將此等各別劃開，只從某一角度為出發點去作研究，固亦可以著書立說，成一家之言，言之成理，持之有故；但配合到實際人事上來，則往往會出岔。如西方人講經濟學，亞當斯密斯之「自由經濟」的理論，豈不言之成理，持之有故？但推行過當了，便會出毛病。至如馬克斯的「階級鬥爭論」，則更不必說。但單就其理論看，又何嘗不是言之成理，持之有故，有他一套思想體系？只是憑空一口氣說得太過遠了，太過週到了，再放到人事實際問題上

來，反而不適切。

中國的學術傳統，則較喜歡講「會通」，不甚獎勵成「專家」。一言一行，總須顧全大局。因此用西方人眼光來看中國學術，自然沒有像那種分道揚鑣，百花齊放的情形。兩相比照，若覺中國的不免失之單調和籠統，其實此亦中國學術傳統之一特殊處。譬如有人說孔子是一政治家，這並不錯。或說他是一哲學家或教育家或史學家等，也並沒有錯。甚至說他是一社會學家，也未嘗不可。但孔子之偉大，並不在他的某一項專門學問上。當時人就說孔子「博學而無所成名」。此後學術傳統如此，中國學術史上偉大人物，常只是一普通人，而不能像西方之所謂專家；，這也是事實。

中國學術史上亦並無專家。如天文、曆法、算數、音樂、法律、醫藥、水利、機械、營造之類，都須有專家。但中國本於其傳統的人文精神，一向學術所重，則在通不在專，在彼不在此。此爲治中國學術史者所不可不知。

二

上面講到中國學術傳統側重在人文界，必求落實於人生實際事務上，我姑舉大學「三綱領八條目」來說。

講到人生實際問題，實跳不出大學所提出的修身、齊家、治國和平天下之範圍之外。欲達到上述目標，首先必須做到「正心」和「誠意」。我們且試問，爲何我們不在此大羣體內，各自謀求個人小我之出路與打算，與夫個人私生活之享受；而必要貢獻我自己，來擔當齊家治國平天下的大任？我們的人生大道，爲何必要只盡義務不問權利？當知此處，實見中國傳統學術中，寓有一番宗教精神在內。故在中國文化體系中，不再有宗教。宗教在中國社會之所以不發達不長成，因儒家思想內本已含有一番宗教精神，可以來代替宗教功能了。此又爲中國文化之一特殊點。而此項宗教精神之獲得，則基於各人之心性修養功夫。

所以就儒家學術言，正心、誠意是「體」，修、齊、治、平是「用」。但單有此心，如無具體知識，則此體仍不全，亦發不出用來，因此要「致知」。若對外在事物，家國天下，漫乎茫然，一無所知，又如何得有修、齊、治、平之用？只要你不能修、齊、治、平，則仍即見你心不正，意不誠。空有此一番心情，表現不出真實功用來，如何能說是心正意誠？心正了，意誠了，自會逼得你去求取知識。此和西方哲學所謂「愛智」一辭又有些不同。

西方哲學所求是一套純知識，純理論。他們認爲此知識與理論可以超事物而先在。他們只是爲知識而知識，認爲要獲得那套純知識、純理論，則應先超乎種種對實際事物之外之上來運用思想，然後其所得乃純乃真；然後再把此一套純知識、純理論安放進實際人生中。此是西方哲學精

神。因此西方哲學只是一種純真理、純知識之愛好與追求。

中國學術精神則比較謹慎，愛切實，不邁遠步。凡屬所知，必求與實事接觸，身體力行，逐步做去，始能逐步有知。在這社會大羣體中，在國家有君臣，在社會有朋友，在家庭中有父子、夫婦、兄弟諸倫。因說「致知在格物」。此「物」字並非專指的自然界之物，更要乃是指的人羣間一切實事。「格」是接觸義，若不和人羣社會中事事物物相接觸，即得不到知識，即不能應付此一切的事事物物，也就不能修、齊、治、平，亦即不能說是心正、意誠了。

三

由上說再推申，我認爲中國傳統學術可分爲兩大綱：

一是心性之學。

一是治平之學。

「心性之學」亦可說是「德性之學」，即正心、誠意之學。此屬人生修養性情、陶冶人格方面的。中國人所講心性之學，又與近代西方的心理學不同。近代西方的心理學，可用一隻狗或一頭老鼠來做試驗，主要乃從物理、生理方面來講心理，把心歸入到自然界「物」的一方面來看。中國的心性之學，則是反應在人生實際問題上，人類所共同並可能的一種交往感應的心理。把實行

的分數都加進了。「治平之學」亦可稱爲「史學」，這與心性之學同樣是一種實踐之學。但我們也可說心性學是屬於修養的，史學與治平之學則是屬於實踐的。具備了某項心理修養，便得投入人羣中求實踐。亦貴能投入人羣中去實踐，來作心性修養工夫。此兩大綱，交相爲用，可分而不可分。

在先秦諸子中，學術路向各有不同。如道家中之莊老，對人類心性方面極有研究，所缺的是不很看重歷史經驗。如墨家墨子，特別重視人羣治平實踐，他常稱道堯、舜、禹、湯、文、武、周公諸聖人，又好稱引詩書，是其頗重歷史經驗之證。但不甚通達人之心性，則是其所缺。只有儒家孔孟，乃於心性、治平兩途並重，兼道、墨之長而無其缺，故能成爲中國學術史上之大傳統。我們如能循此條理來治中國學術史，便易於把握。如漢唐學術偏重在實踐方面，宋明時代則偏重在心性方面。亦非說漢唐人只重實踐，不講內心修養。亦非說宋明人只講心性，而無人事實踐。不過在畸輕畸重之間，各有不同而已。

四

故欲研究中國學術史，首須注重其「心性修養」與「人羣實踐」。換言之，須從學者本身之實際人生來瞭解其學術。若漫失了學者其人，即無法深入瞭悟到其人之學。故研究中國學術史，

必特別注意各學者之人格，即學者其人之本身。此又與研究西方學術不同。在西方，一思想家，如盧騷、叔本華、尼采等，其人其學，可以分而為二，我們只注重其思想、其哲學體系即可，其人不佔重要。但如研究中國學術史，而忽略於此學者之本身，只注重其思想，不兼求其人格，即無法把握到其學術之主要精神所在。

尤其是中國學術傳統主要在學為人。學為人，盡人事。中國人講人事又有三大目標，即春秋時晉叔孫豹所提出的「立德、立功、立言」三不朽。此又非如西方人所謂之「靈魂不朽」，乃是在社會人羣中，對人生德業、言行貢獻上之不朽。此種不朽，從某一方面說，只大偉人始有。但從另一方面說，亦是人人皆能。最高的是心性修養為立德，其次治平實踐為立功，又次為立言。只要是一有德人，便可說對人羣有貢獻。如做一孝子順孫，賢妻良母，已是對其家庭有貢獻。孔子所謂「孝乎唯孝，友於兄弟，是亦為政，奚其為為政。」即是此意。只要是一有德人，便即有言。子曰：「學而時習之，不亦說乎！」孔子此言，只是報道其一己修養所得而已。故立功與立言，仍皆以立德為本源。中國文學界，通常認為李太白詩不如杜子美，柳河東文不如韓昌黎。李、柳之所以稍遜於韓、杜者，主要差別不在其詩文上，乃在自其詩文所反映出其作者所內蘊之「德性」上。此三不朽，各時代人對之亦各有所偏。如漢唐人重立功勝過於立言，宋明人重立言勝過於立功。要之，則皆須自德性出發。此乃中國學術傳統最精微之特點，我們必須認取。

五

我在上面已說過，中國學術分兩綱：一為心性修養之學，另一則為治平實踐之學，亦即可謂是史學。我們如欲瞭解如董仲舒、魏徵等在政治上之貢獻，或朱熹、王守仁等在學術上之貢獻，無論如何，均須通「史學」，同時又須通「心學」。此「心學」一名詞，乃是我個人所新創，與宋明儒所謂心學，廣狹用意略有不同。當我們研究董仲舒、魏徵、朱熹、王守仁諸人時，不可撇開其事功實踐與人格修養，而單從其著作思想方面去研究。因中國人認為著書立說或建功立業，無論在社會任何方面作任何表現，同時必先有其一番「心性修養」，與其所表現之背後一種「人格德性」作根柢。此種心性修養與人格德性，究已達到何等境界，此事十分重要。

中國傳統學術每喜歡評論人物，把人類分等第。如聖人、賢人、君子、小人等，此種皆自其心性修養與人格德性所到達之境界來分。即如三國時代曹操與諸葛亮，我們對此兩人之評價，亦多不專注重在其事業上，亦不專注重在其文章學問上，主要乃自此兩人之內心境界與德性學養作評判。此等評判標準，即是中國學術大傳統之主要精神所在。諸葛亮六出祁山，在功業上並無大成就，然其對領袖之忠貞，其「鞠躬盡瘁，死而後已」之仁心誠意，則備受後人崇拜。當其高臥隆中時，抱膝長吟，自比管、樂。然又只願「苟全性命於亂世，不求聞達於諸侯」。待劉先主三

顧草廬，始許出膺艱鉅。此等出處大節，更受後人仰敬。至於曹操，他曾對人説：「寧我負人，毋人負我。」別人評他是「治世之能臣，亂世之奸雄」。儘管他能橫槊賦詩，不愧爲一代文豪；又其政治、軍事各方面所表現，固能睥睨一世，高出輩流；但他還是備受後世之譏嘲與輕視。此等處，莫看作無關學術。有志研究中國學術者，必當先從此等處著眼。

中國學術是崇尚實際的，一切應自其人格境界與其歷史影響兩方面來作推究。孟子所謂「知人論世」一語，意即要知道某一人，必須從其人之一生之真實過程中作探討、作衡評。孟子所謂「論世」，似並不全如近人想法，只係專指其人之「時代背景」而言。從這一點上，再回到大學所提出的明明德、親民與止於至善之三綱領來説。「明明德」是「德性」之學，「親民」是「治平」之學，「止於至善」則是其最高境界。中國人所理想，人生羣體社會中，所應嚮往、所該表現的最高鵠的即是「善」。我們亦可説，中國整部歷史，正是蘄嚮於此善。中國整個民族，也是蘄嚮於此善。此乃中國學術思想最高精神所在。若沒有了這「善」字，一切便無意義價值可言。

六

我乘此再提出幾點研究中國學術而常爲近代所誤解的歷史事實來一談。

第一點：近代一般人常説，自漢武帝表彰六經，罷黜百家，從此學術定於一尊。

此說若經細論，殊屬非是。東漢以後，莊老道家思想復盛。又自魏晉南北朝以迄隋、唐、宋、明各代，佛學傳入。蔚成為中國學術傳統中重要之一支。如何能說中國學術自漢以後即定於一尊呢？

第二點：常有人以為，中國歷代帝王利用儒家思想，作為其對人民專制統治的工具。此說更屬荒謬。我上面說過，中國歷史是盼由學術來領導政治，再由政治來領導社會，而學術則由社會興起，非受政府控制。例如漢武帝立五經博士，當時朝廷所崇是今文學派，但此後民間所尊卻是古文學派。魏晉南北朝時，政府亦還是崇尚儒學，然莊老與佛學成為社會大風尚。唐代時，朝廷優遇沙門，佛教極暢行，但韓愈提出闢佛之呼聲。政府以詩賦考試，而韓愈偏要提倡古文。宋代曾規定以王安石三經新義取士，司馬溫公首先反對。他的意見，謂不該以王安石一家言來作取士標準。又如民間學者如二程，其所提倡，顯與朝廷功令相反。程伊川晚年被斥為「偽學」。朱子在南宋，亦曾被斥為「偽學」。他的四書集注，後來作為明清兩代考試取士標準。但如陽明學派，即在此處反對朱子的。清代考據學派，專一反對朱子。此中固亦未嘗無門戶之見，但在中國學術史上，往往在朝、在野雙方意見相反，常是在野的學術得勢，轉為此下政府採用，而又遭繼起的在野新學派所反對。此在中國學術史上，是一項極該注意的大趨勢。不明白此一趨勢，便無法明白中國學術之真精神真貢獻所在。

其次再從正面講。我上面再三提及，研究中國學術，主要不越「心學」與「史學」兩途。如論語首章孔子所說的「說」與「樂」與「不慍」，都是從內心處講。此內心的品德學養，即成爲其人之人格境界，亦即是人生真理所在。此項真理可以反而求諸己，故有如宋儒所云：「不識一字，亦可還我堂堂地做個人。」講學術而可以講到「不識一字」，此亦中國學術之獨著精神處。若不以我所謂「心學」著眼，幾乎可疑此等說法不是在談學術。

至如史學，同樣是中國學術一大主流。若要真在修、齊、治、平上作真貢獻，總須對過去歷史有一瞭解；更貴能窮源竟委，窺其變遷，然後才能針對現實有所作爲。我們甚至可說，中國學術主要均不出「史學」範圍。孔子作春秋，即是史學開山。漢人崇尚「經學」，經學在當時，實即是「史學」，因其所講不出周公、孔子治平實績與其理想，皆屬已往歷史範圍。後來古文學家所提出之毛詩、周官及左傳諸經，更見其近屬史學。也可說後來中國儒學傳統，大體不出「經學」與「史學」兩大部門。而就「經學即史學」言，便見儒學也即是史學了。因此中國歷史學，其實也多是儒家分支。如魏晉南北朝，雖尚清談玄言，但同時史學鼎盛。若我們逐一細究，諸凡當時有名的史學家，大體上均可說他們是儒家。因史學所講，主要必有關修、齊、治、平。

若其人只講莊老與佛學，自然不會對歷史有興趣。又如王肅、杜預諸大儒，雖被稱爲經學家，亦無不有史學精神貫徹在內。下至唐代，佛學最盛，文學次之，但史學並未中歇。如唐初諸臣修晉書與隋書，繼之有顏師古、劉知幾、杜佑等史家。宋代則史學尤盛，著者如歐陽修與司馬光。南宋有呂東萊及浙東學派等。朱子後學，在元代如王應麟、胡三省、馬端臨諸人，皆在史學上表現。明初則有宋濂、劉基，雖不著史，但其留心史學是必然的。至明末時，大史學家輩出，如顧亭林、黃梨洲、王船山諸人，此等皆屬儒家。甚至到清代，考據學大盛，其實此時所謂「考據學」仍應屬於史學範圍，只是較狹義的史學，亦仍是較狹義之儒學而已。

故在中國學術史上，「史學」所佔地位極重要，堪與「心學」分庭抗禮，平分秋色。中國學術傳統主要在如何做人，如何做事。「心學」是做人大宗綱，「史學」則爲做事大原本。我們要研究中國學術，此二者一內一外，最當注意。欲明儒家學術，則必兼備此二者。

我又說過，中國歷史原是渾融一體的。中國歷史上的政治、經濟、社會、學術等項，亦莫不皆然。我們該自一項制度之背後，究察其所以制定與推行此制度的居心與動機。若我們能把心學與史學配合研究，自見整個中國民族一部中國史主要精神主要嚮往，大可用一「善」字來概括。我們所謂善人善政，善言善行，青史留名，只是此一善。此二「善」字，正是儒學中至爲喫重的一字。

但近代的中國人，偏喜用惡意來解釋中國史，如說堯、舜、禹、湯、文、武所謂古代聖人，盡出後人偽造，即是一例。但我們縱說這些是後人偽造，亦足證明偽造此一派古代聖人的種種故事的人，豈不在希望這一部中國歷史，能成為一部「善」的歷史嗎？後代人永遠信受此偽造，亦見後人也都希望這一部中國歷史能成為一部「善」的歷史了。生於其心，自可見於其政。則此下的中國史，自不當專一以惡意來解釋。西方人把真、善、美分開說，中國人則專一重視善，把美與真也要包進在善之內。我們研究中西學術與中西歷史，自可比較見之。

近百年來，此中國學術傳統中之兩大綱，即心性之學與歷史學，正日趨式微。此一巨變之後果，在今日，我們固無法揣測。但若我們要回頭來研究中國已往學術，則此「心學」與「史學」之兩大綱，總不宜放過不理會。此乃中國學術傳統中之特殊點，所截然不同於西方者。我希望將來有人，能將中西雙方學術思想，作一更高的綜合，卻不該先自褻棄了自己的。

我希望在今天的中國人中，能有少數中的少數，他們願意抱殘守缺，來多學多懂一些中國學術，來對中國歷史文化理出一個頭緒。這不僅對中國自己有貢獻，也可對世界人類有貢獻。

六 如何研究歷史人物

一

今天講「如何研究中國歷史人物」。

歷史是人事的記錄，必是先有了人，才有歷史的。但不一定有人必會有歷史，定要在人中有少數人，能來創造歷史。又且創造了歷史，也不一定能繼續縣延的；定要不斷有人來維持這歷史，使他承續不絕。因此歷史雖說是屬於人，但重要的只在比較少數人身上。歷史是關於全人羣的，但在此人羣中，能參加創造歷史與持續歷史者，則總屬少數。似乎中國人最懂得此道理，因此中國歷史記載最主要的在人物。向來被認爲「正史」的二十四史的體例，特別重要是「列傳」。可見中國人一向以人物爲歷史中心。

故要研究歷史，首先要懂得人，尤其需要懂得少數的歷史人物。如其不懂得人，不懂得歷史人物，亦即無法研究歷史。固然也有人脫離了人和人物中心而來研究歷史的，但其研究所得，將總不會接觸到歷史之主要中心；這是決然可知的。

我們研究歷史的主要目的，或主要功能，是在希望人能成爲一「歷史人物，

比一專門史學家更重要。人羣所需要者，乃是在此人羣中，能不斷有歷史人物出現。才能持續舊

傳統，開創新歷史。這比不斷有史學家出現更需要。我此講「如何研究歷史人物」，也可說主要

用意即在此。

二

但空說歷史人物，勢難從頭列數，這究將從何說起呢？我此下將試把中國歷史人物分作幾類

來加以述說。

第一類：先說關於治世盛世的人物與衰世亂世的人物。

有人幸而生於治平盛世，但亦有人不幸而生於衰亂之世。若說歷史以人爲主，要人物來創造

來持續，則似乎在治平盛世所出人物必較多，又較勝；在衰亂之世所出人物必會較少，又較劣。

惟其所出人物多又勝，因此才成其爲治平隆盛之世；惟其所出人物少又劣，所以才成其爲衰亂

世。我想普通一般想法應如此。但根據中國歷史看，卻並不然。

中國歷史人物，似乎衰亂世更多過了治盛世，又且強過了治盛世。我此所謂「歷史人物」，

乃指其能對此下歷史發生作用和影響言。而此等人物，在中國歷史上，顯然是生在亂世衰世的，

更多勝過生在治平盛世的。此有歷史事實爲證，不容否認。

譬如孔子，是中國歷史上第一大人物。但他生於春秋末期的衰亂世，霸業已盡，時代將變，可說此一時代，已瀕臨舊歷史傳統崩潰消失的末路，勢已不可收拾，誰也挽回不過此一頹運來。

孔子以後，如孟、荀、莊、老諸子生於戰國，論其時代，更不如孔子。那時天下大亂，殘局日破日壞，更是無可收拾了。然論開創此後歷史新局面，能在中國此後歷史上具有無比的大作用大影響的人物，我們總不免要數說到先秦。試問先秦人物，豈不全是些衰亂世的人物嗎？

繼此再說到兩漢。兩漢之治盛，勝過先秦。但論人物，其在歷史上作用之大，影響之深，則決不能比先秦。又就一般言，東漢之治盛，不如西漢。但論人物表現，卻可說東漢還在西漢之上。此即說，東漢人對此下歷史之作用與影響，似乎更勝過西漢。因此後代人對東漢人物，也似乎較對西漢人物更重視更敬仰。即就經學言，兩漢經學首推鄭玄，但鄭氏已生在東漢末期。他身經黨錮，下接黃巾、董卓之亂，而死在獻帝建安五年。他的一生，開始在東漢末的最衰世，而湮沒在三國初標準的大亂世。但在中國學術上，他是何等有作用有影響的一位大儒呀！

說到唐代，自然可說是治盛世。但唐代人物，開元以前轉似不如天寶以後。宋代雖非亂世，亦可稱衰世。但宋代人物，卻超過了唐代。尤其在南宋末年，國家將亡，出一朱子。論其在學術史上之地位，尤應越出在鄭玄之上。就其在宋以後中國歷史上之作用與影響言，殆可上埒孔子。

孔子與朱子，是中國史上前後兩位最偉大的人物，卻均出在衰亂世。

我們再講到元代，可說是中國歷史上之黑暗時代。任何衰亂世，均不能與此時期相比。元人統治中國，前後不到八十年，但在此時期中，仍出了不少人物。如元初有王應麟、胡三省與馬端臨三大史學家，他們的著作，直到今日，在中國學術史上仍有其不朽的地位。此三人對於此下歷史上之作用與影響，可謂迄今依然。下到明初，一輩開國人物如劉基、宋濂等，也都在元代黑暗時期中養成。

明代之盛，堪與唐比。但明代人物更不如唐。王陽明出世時的明代，已是衰象呈露，大亂將起。下迄明亡，大儒輩出，比宋末元初更像樣。如顧亭林、黃梨洲、王船山，近人稱為明末三大儒，亦都堪稱為中國歷史上的偉大人物。

綜上所陳，可見在中國歷史上，凡逢盛世治世，如漢、如唐、如明、如清，所出人物反而比較少，他們對此下歷史之作用與影響也往往比較小。至於衰世亂世，如戰國、如漢末三國、如宋、如明末，所出人物反而比較多，其對中國歷史此下之作用與影響也比較大。我們若從二十四史中，把各時代人物作一全面的統計，便可知我前面述說之不虛。

諸位當知，此處實為中國歷史文化傳統中一項偉大精義所在。諸位如欲瞭解此中精義，諸位可自試讀論、孟、莊、老諸書。凡此諸書中所陳述，何一非人生最高理想，何一非人類歷史之偉

大展望，但在他們書中，卻不見他們時代的衰亂實況來。諸位如欲認識他們的時代，當另讀左傳、戰國策等史籍。諸位把此兩方面會合看，便知他們之偉大處。他們雖生存在此時代之中，而他們的精神意氣，則無不超越乎此時代之上，而又能心不忘此時代。他們都是我所謂能「主持」一時代，而又能「開創」一時代之大人物。歷史只是人事記載，衰亂世自然多記載了此三衰亂事。這三大人物，反而很少得記載上他們當時的歷史；然而他們卻轉成爲此下最偉大的歷史人物。

這道理也很明白，一人物生於治世盛世，他在當時某一事功上有所表現，他所表現的即成爲歷史了。但在事業上表現出其爲一人物，而人物本身，則決非事業可盡。因此，只憑事業來烘托來照映出一人物，此人物之真之全之深處，則決不能表現出。人生在衰亂世，更無事業表現，此人乃能超越事業之外，好像那時的歷史輪不到他身上；但他正能在事業之外表現出他自己。他所表現者，只是赤裸裸地表現了一人。那種赤裸裸地只是一個人的表現，則是更完全、更偉大、更可貴，更能在歷史上引起大作用與大影響。

此項理論，實應爲「歷史哲學」上一大問題。我們固可說，所謂歷史人物，則必需該在歷史上表現出其事業來，才見其人歷史性之偉大。人若不在歷史上有表現，更何從見其在歷史上之地位與價值？如此說來，衰世亂世人物，自然比不上治世和盛世。普通就一般歷史言，似乎人物總

中國歷史研究法

九〇

該多出在治世盛世；一到衰世亂世，就再沒有人物或沒有更偉大的人物出現。但在中國歷史上則不然。惟有中國，卻能在衰亂世生出更多人物，生出更多更具偉大意義與價值的人物，由他們來持續上面傳統，來開創下面新歷史。他們的歷史性價值，雖不表現在其當身，而表現在其身後。

此即中國歷史文化傳統精神真價值所在。亦即是中國歷史上一項最有意義的特殊性。

三

第二類：關於得志成功的人物與不得志失敗的人物。

所謂得志，指其在當時活動上或說在當時歷史舞臺上有所表現。不得志者，則當其身跑不上歷史舞臺，或跑上了而其事業終歸於失敗。誠然，歷史乃是成功者的舞臺，失敗者只能在歷史中作陪襯。但就中國以往歷史看，則有時失敗不得志的，反而會比得志而成功的更偉大。此處所謂偉大，即指其對此下歷史將會發生大作用與大影響言。而得志與成功的，在其身後反而會比較差。

且看中國古代歷史上兩大聖人周公與孔子。周公得志在上，奠定了周代八百餘年的天下。孔子不得志，他嘗說：「甚矣！吾衰也！久矣，吾不復夢見周公。」孔子自嘆其不能如周公，而道終不行。但孔子對此後歷史上的作用與影響，反而比周公大。唐以前的中國人多推尊周公、孔

子，唐以後更多轉而推崇孔子、孟子，更少提到周公。故從歷史眼光來說，周公反而不能與孔子比。這亦因周公在當時是得志而成功的人物，周公的全心與全人格，反而給他的得志與成功全代表去了，也可說全掩蓋住了。孔子則是一位不得志而失敗的人物，因此孔子的全心與人格，反而更彰顯地照耀在後世。

中國人又多愛崇拜歷史上失敗的英雄。對於在歷史上成大功立大業的英雄，如漢代的衛青、霍去病，唐代之李靖、李勣等諸名將，反而比較不重視。如岳飛、文天祥、袁崇煥、史可法等，雖然他們在事業上失敗了，反而更受後人敬仰崇拜。此又是中國人的傳統史心與中國文化的傳統精神所在。他們在當時雖失敗了，但對後來歷史言，卻是成功的，而且是大成功。歷史上每一時代的人物，必有成功與失敗之分。但人能在失敗時代中有其成功，這才始是大成功。在失敗時代中有其成功，故能引起將來歷史上之更成功。這一番道理，又是中國文化精義所在。

從另一方面說，衛青、霍去病、李靖、李勣諸人之成功，只表現在事業上，事業表現即代表了其人。我們可以說，衛、霍二李，其人與其事業，價值若相等。但岳飛、史可法諸人，因為他們的事業失敗了，故其事業不能代表其人，最多只代表了其人之一部分；而此等人物之整體性，則遠超乎其事業之外。我們看衛、霍、二李，只見他們擊匈奴、敗突厥，覺得他們的事到此而止了。因而其人物之本身價值，反不見有什麼突出性。但我們看那些失敗英雄時，此等人物乃

被其所努力之事業拋棄在外，因而其全心全人格反而顯得特別突出。宋儒陸象山曾說：「人不可依草附木。」一有依附，其人格價值便會不出色。縱使依附於事業，也一樣如此。失敗英雄，因無事業可依附，而更見出色。

當知歷史只是人事記載，人事則此起彼落，隨表現，隨消失。只有「人」，始是歷史之主，始可穿過事態之流變，而有其不朽之存在。歷史不斷在變，故一切歷史事態必然一去而不復。後一事不能即是前一事，但此一人物則永遠是此一人物。只有人物模樣，人物典型，可以永存不朽。事業到底由人物而演出。歷史雖是人事之記載，但並非人事之堆積。事之背後有人，把事業來裝點人，反把人之偉大真性減色了。正由此人在事業上不圓滿，倒反把他那個真人顯出來。

這並不是說，在歷史上凡屬成功的人物，皆是無價值。乃是說，遭遇失敗的人物，在其身後的歷史上，反而更顯得突出。此因人物之偉大，並不能專以其事業作代表。但此也須人物自心能識得此理，又須有史學家能為此闡發。因此我說這是中國的「史心」，亦正是中國歷史文化傳統之真精神所在。

四

第三類：要講到有表現的人物與無表現的人物。

剛才說到，中國歷史上有許多失敗人物爲當時及後世史家所推尊頌揚；他雖然失敗，但總是有所表現了。此下所講，則從一個人之有無表現來說。我們通常聽人說，某人無所表現，似乎其人無所表現即不值提。但在中國歷史上，正有許多偉大人物，其偉大處，則正因其能無所表現而見。此話似乎很難懂，但在中國歷史上，此種例，多不勝舉。亦可說此正是中國歷史之偉大處，也即是中國文化之偉大處。

例如吳泰伯，又如伯夷、叔齊，在歷史上皆可謂無所表現，而爲孔子所稱道。孔子曰：

太伯其可謂至德也已矣！三以天下讓，民無得而稱焉。

又曰：

不降其志，不辱其身，伯夷叔齊與！

似乎孔子乃在其無表現中讚揚其已有所表現，而且是表現得極可讚揚。我們也可說，此乃是在人羣社會中，在歷史上，一種不沾染、不介入的表現，一種逃避、脫離的表現。

孟子也常稱頌伯夷，他說：

伯夷，目不視惡色，耳不聽惡聲。非其君不事，非其民不使。當紂之時，居北海之濱，以待天下之清也。故聞伯夷之風者，頑夫廉，懦夫有立志。

他的稱頌伯夷，大意亦與孔子相同。孟子又將伯夷、伊尹、柳下惠並稱爲三聖人。他說：

伊尹聖之任，伯夷聖之清，柳下惠聖之和。

堯、舜、禹、湯、文、武、周公，是在政治上得志成功的人。伊尹爲湯相，亦是政治上一得志成功人物。但伯夷、柳下惠，則並無表現，並無成功，孟子卻將他二人與堯、舜、禹、湯、伊尹相提並論，同稱之爲「聖人」。

後來太史公作《史記》，此爲中國正史之創始，爲二十四史之第一部。其體例之最重要者，厥在其以人物爲中心，而特創「列傳」一體。但太史公又將吳太伯世家列爲三十世家之首，將伯夷列傳列爲七十列傳之首。他在伯夷列傳中，屢屢提到因於伯夷之無所表現而無可稱道，甚至其人若猶在或有無、可信可疑間，只因孔子稱頌了他。太史公又用顏淵作陪襯，他說：

七十子之徒，仲尼獨薦顏淵爲好學，然回也屢空，糟糠不厭，而卒蚤夭。

其實顏淵也就無所表現，故太史公引來推崇伯夷無表現之偉大，而褒然列之於列傳之首。

在孔子七十二弟子中，顏淵似乎是最無表現的。孔子說：

吾與回言終日，不違如愚。退而省其私，亦足以發。回也不愚。

又曰：

賢哉！回也。一簞食，一瓢飲，在陋巷，人不堪其憂，回也不改其樂。賢哉！回也。

顏淵死，孔子哭之慟，並說：

非夫人之爲慟而誰爲？

然顏淵在孔門到底是無表現，不能與子路、子貢、冉有、宰我諸人相比。故太史公亦云…

伯夷叔齊雖賢，得孔子而名益彰。顏淵雖篤學，附驥尾而行益顯。

可見孔子最能看重人物之無表現之一面。孔子目此爲「德行」。吳太伯「民無得而稱」，孔子卻

稱之爲「至德」。「德行」在孔門四科中高踞第一。太史公作史記，可謂深得孔子之意。

以下中國歷史上遂搜羅了極多無所表現的人物，而此等人物，亦備受後世人之稱道與欽敬。

此又是中國歷史一特點，故我說此乃中國之「史心」，亦即中國文化傳統精義所在。諸位只有精

讀中國史，深研中國歷史人物，始能對此有瞭悟。

讓我姑舉數例以作說明。如春秋時代之介之推，戰國時代之先生王斗，西漢初年之商山四

皓，及魯兩生。循此以下，如東漢初年的嚴光，此人對歷史亦一無表現，但後人永遠覺得他是一

個了不起人物。漢光武即帝位，以前長安太學中同學，均已攀龍附鳳，功成名遂，獨嚴光隱身不

見。光武思之，乃令以物色訪之，久而後得。帝從容問光曰：「朕何如昔時？」對曰：「陛下差

增於往。」因共偃臥，光以足加帝腹上。除諫議大夫，不屈。乃耕於富春山。後人名其釣處爲嚴

陵瀨。這一番故事，雖若有表現，只可說是無表現，亦可謂是「表現了其無表現」。此等更說不

上得志與成功。似乎他既不像有志，亦不求有功。又如宋初陳摶，居華山修道，恆百餘日不起。

又有林和靖，隱居西湖孤山，垂二十年，足不履城市，植梅畜鶴，時謂其「梅妻鶴子」。此等皆同為後世稱道。我們今天如去富春江畔，或去西嶽華山，或去杭州西湖，自然知道對這些人心儀嚮往。即使我們並不親歷其境，但也多知道他們的姓名；對於他們那種無所表現的人格，亦可謂乃只表現一無表現的人格，還像歷歷在目；這也真是怪事！

又如三國時代，英雄人物層出不窮，大家各顯身手。可謂在此時代中人，必是各有表現者。然亦有無所表現，而被認為第一流人物的，如管寧即其一例。管寧在當時，實是一無表現。但論三國人物，管寧必屈首指。他少時曾與華歆同席共讀，遇軒冕過門，歆廢書往觀，寧即與割席分坐。魏明帝時，華歆位至太尉，欲遜位讓寧，寧終不就。看來歆雖佩服寧，寧終不重視歆。史書稱其：「雖出處殊塗，俯仰異體，至於興治美俗，其揆一也。」此亦孟子所云「禹、稷、顏回同道」之意。其實管寧固可比顏回之不出，而華歆又豈得與禹、稷相提並論？要之，中國史家喜歡表彰無表現之人物，真是無微不至，論其事業，斷斷不夠載入歷史。但在其無表現之背後，則卓然有一「人」在，此卻是一大表現。這意義值得吾們深細求解。

又如諸葛亮，好為梁父吟，每自比管仲、樂毅。他並不是不能有表現，卻又不想表現。後來劉先主三顧草廬，始肯出許馳驅。他在出師表中說：

苟全性命於亂世，不求聞達於諸侯。

今且問，此兩語是否當時諸葛真意？我且舉其友作證，一是徐庶。他知諸葛最深，應亦是一有作爲人。初事劉備，曹操獲其母，庶乃辭備歸操。雖仕至御史中丞，然在歷史上，終不見徐庶曾爲曹操設一謀，劃一策。其人便如此無表現而終了。又一人如龐德公，時荆州刺史劉表屢以禮延，不能屈。隱鹿門山，採藥以終。諸葛孔明常拜於其牀下。可見其人亦非不能有表現，只是寧爲一無表現人。徐、龐如此。故知若非劉先主三顧草廬，諸葛定亦永無表現如徐、龐。

五

我們當知諸葛出師表兩語中，「全性命」是大事。懂得要全性命，自然無意求聞達。中國歷史上此種無表現的人物，真是各時代都有。他們的本領，亦只在全性命。正以全得性命，所以成得一人物，而且是至高卓至偉大的人物。我們若能彙集起寫一書，即名「中國歷史上之無表現人物」。此書亦可有大作用，大影響。至少在闡發史心，宣揚文化傳統上，可有大貢獻。

此種尊崇無表現人物之傳統，又影響到小說。如唐人虬髯客傳，即是故意要描寫一個無表現之英雄。又如水滸傳叙述梁山泊一百零八好漢，開始卻有一位八十萬禁軍教頭王進；此人如神龍見首不見尾，也是一無表現人物。水滸傳作者，把此一人閒閒叙在前面，真使後面忠義堂上宋江以下一百零八位好漢，相形減色。此種筆法，可謂與太史公史記三十世家以吳泰伯爲首，七十列

傳以伯夷爲首，有異曲同工之妙，可謂是能直探史心的一種大手筆，諸位莫輕忽過。

今天諸位也可說是各處在衰亂之世，不免有生不逢辰之感。然諸位一讀歷史，知道研究歷史人物，便知我們儘可做一不得志和失敗的人，或甚至做一無表現之人。這一時代是失敗了，但處此時代之人，仍可各自有成，並可有大成。只要人能有成，下面時代便可挽轉，不使常在失敗中。若人都失敗了，則一切完了，下面亦將無成功時代可期。孟子曾說：

禹、稷、顏回，易地則皆然。

禹、稷是有表現的人，顏回則是無表現的人，這只因時代不同。但不論有表現無表現，歷史傳統，文化精神，卻同樣主持在他們手裏。孟子又說：

人必有所不爲，而後可以有爲。

「不爲」正是無表現。所以若時代不許可，我們儘可不強求表現。一旦時來運轉，風雲際會，到那時自有出來表現的人。「留得青山在，不怕沒柴燒。」保留得有人，還怕歷史中斷嗎？

昔范仲淹作嚴子陵祠堂記，末後兩句爲：「先生之德，山高水長。」有一人說：「德」字不如改作「風」字。范公欣然從之。上面說過，孔子四科，「德行」爲首，而顏回、閔子騫、仲弓、冉伯牛那些德行人物，卻都是無表現的人物；故范仲淹以德字來稱頌嚴光，並不錯。但改爲風字，則更含深意。「德」指其人之操守與人格，但此只屬私人的。「風」則可以影響他人，

擴而至於歷史後代，並可發生莫大影響與作用。孔子說：

君子之德，風。小人之德，草。草上之風，必偃。

孟子亦云：

聖人百世之師也，伯夷、柳下惠是也。故聞伯夷之風者，頑夫廉，懦夫有立志。聞柳下惠之風者，鄙夫寬，薄夫敦。

但孟子只言伯夷、柳下惠之風，卻不說伊尹之風，此何故？豈不因前兩人無表現，而後一人有表現？在事功上有了表現的人，反而對後世的風力少勁。因事功總不免要參雜進時代、地位、機緣、遭遇種種條件，故而事功總不免滯在實境中，反而無風，也不能成為風。唯有立德之人，只赤裸裸是此人，更不待事業表現，反而其德可以風靡後世。在嚴子陵本人當時，只是抱此德，但經歷久遠，此德卻展衍成風。故說「先生之德山高水長」之「德」字不如改「風」字，更見深義。否則有德之人，豈不成為一自了漢，與世無補，又何足貴？

在中國歷史上，正為有此許多衰世亂世的人物，有此許多無表現無作為的人物，才使中國歷史文化緜延不輟，直到於今，經歷了四五千年的長時期，而依然存在。故我勸諸位，處衰世亂世不足怕；就是不得志或失敗了，亦不足怕。甚至於無所表現無所作為，同樣不足怕。主要的在如何成得一人物。有了人物，下面自然會不斷有歷史。但如何才算

得一人物呢？此正是我這一講演所要提出，請諸位去細心研究的。

六

上面所說，似乎像指中國古人所謂「立德」「立功」與「立言」的三不朽而言。德指的人格方面，功指的事業方面，言指的思想與學術方面。現在再就中國的文學方面略有陳述。

文學不必全是立言。中國歷史上最受後代崇拜的三大文學家，屈原、陶淵明與杜甫，此三人，皆爲衆熟知。屈原可說是一位在政治上不得志而失敗的人物。他們均以自己一份赤忱的熱情，透過文學，而表達出他們各自的心志來。上面說過，人在治世盛世，功成志得，有所表現，別人反而對他爲人不易有更深的覺察；惟在衰亂之世，不得志，失敗了，或是無表現，這樣的人，反易使人深切看出他的內心意志來。如上三人均是。

不但文學如此，藝術亦然。如宋末鄭所南畫蘭。即是最好之一例。又如元末高士倪雲林，明末八大山人與石濤等，此等詩人畫家在歷史上可謂一無表現，但歷史卻在他們的藝術與他們的詩文上表現出來了。他們無事功可表現，所表現的則是他們之心志。由他們之心志，可以想見他們之時代。故說「歷史」在他們之詩文藝術上表現了。故中國人之文學，非純粹之文學；中國人之

藝術，亦非純粹之藝術。重要者，乃在其內心意志一面。一人在事業上無表現，旁見側出在文學藝術作品中來表現。這亦是中國文化傳統真精神之一脈。他其人可以不上歷史，但歷史卻在他身上。他可以無表現，但無表現之表現，卻成爲大表現。中國有許多歷史人物皆當由此處去看。

我在此將特地提出一「志」字。中國人常言「志士仁人」，人若無志，便亦不仁。但其所志，亦正貴在此一「仁」字上。孔子說：

又說：

　　吾十有五而志於學。

　　匹夫不可奪志。

昔顧亭林嘗云：

諸位如須研究歷史人物，卻須先具一「彼人也，我亦人也，有爲者亦若是」之志。若沒有了此志，則古人自是古人，歷史自是歷史，和我渺不相涉，總研究不出一所以然來。

又說：

　　易姓改號，謂之亡國。仁義充塞而至於率獸食人，人將相食，謂之亡天下。

　　知保天下然後知保國。保國者，其君其臣，肉食者謀之。保天下者，匹夫之賤與有責焉。

亭林所謂「保國」與「亡國」，是指一國之政治言；所謂「保天下」與「亡天下」，則指民族文

化之絕續言。我上面所說那些歷史人物，則多是有志保天下的人。他們在歷史上，有許多亦僅只是一匹夫；但文化絕續，時運興衰之大責任，他們卻把己身來擔起。

我們今天所處的時代，或許比歷史上任何時代更衰更亂。可是我們的處境，比起古人來，實未見困難更甚。如我們能設身處地，平心去研究我們歷史上許多處衰世亂世的人物，許多不得志失敗的人物，甚至許多無表現無作為的人物，便知今天的天下興亡，我們亦實在責有難逃。若我們脫離現實，只馳心空想漢、唐盛世，只馳心空想一旦得意來做一個歷史上成功的人物；則深恐河清難俟，我們也只有嗟嘆終老，但也好因此把我們的責任交卸淨盡了。

易經上亦說：

天地閉，賢人隱。

隱了自然沒有所表現。中國文化之偉大，正在天地閉時，賢人懂得隱；正在天地閉時，隱處仍還有賢人。因此，天地不會常閉，賢人不會常隱。這些人乃在隱處旋乾轉坤。天地給他們轉變了，但別人還是看不見，只當是他無所表現。諸位想，這是何等偉大的表現呀！諸位若有志，不妨來搜羅隱逸，寫一部「中國賢人傳」，中國歷史上那些無表現的人物，自許由、務光、吳泰伯、伯夷、叔齊起，從頭敘述。我想只在正史上，又何止有千百人！他們之無所表現，正是我們日常人生中之最高表現。諸位若再搜羅到各地地方志，及筆記小說之類，更可找出很多這類的人物。這

是天地元氣所鍾，文化命脈所寄。今天我們只看重得志成功和有表現的人，卻忽略了那些不得志失敗和無表現的人。因此也遂覺到自己並無責任可言。諸位當知，中國歷史所以能經歷如許大災難大衰亂，而仍然縣延不斷；隱隱中主宰此歷史維持此命脈者，正在此等不得志不成功和無表現的人物身上。

但在今天，我們心目中已無此等人物的地位存在。縱使尚有隱了的賢人，我們也將覿面不相識。此實是中國文化的極大不幸、極大危機。我們當求再認識此等人物之可貴。人或問；我一匹夫，怎能負起天下興亡之大責？其實匹夫也好，匹婦也好，只要他能像像樣樣地做一人，便是此責已盡。

從人物來講歷史，近人或許已認爲是落伍了。至於研究歷史而注意到這些無表現的人物，近人將更認爲此與歷史無關。此話亦不錯，此等人本可以不載入歷史。但歷史的大命脈正在此等人身上。中國歷史之偉大，正在其由大批若和歷史不相干之人來負荷此歷史。諸位今天，也莫要認爲自己和歷史不相干，諸位亦正該負荷起此歷史之重任。

或有人問：你是講歷史的，將來中國前途如何，你該有一看法。其實我亦那能燭見未來！我只見向來歷史是如此。在此亂世，我亦只能說：「苟全性命，不求聞達。」諸位或許又會問：現在時代變了，人人得有一分自由，該有一番表現，爲何卻要置身事外做一無表現的人？此則又須

回復到我上次所講修身、齊家、治國、平天下的話題。當知各人的成敗，全視其志業。但「業」是外在的，在我之身外，我們自難有把握要業必成。「志」則是內在的，只在我心，用我自己的心力便可掌握住。故對每一人，且莫問其事業，當先看其意志。

中國古人又說：

詩言志。

中國人有時把此「志」只在文學中、詩中來表現。若我們把西方人觀點來看中國人，有時覺得像是不積極，無力量，無奮鬥精神。我亦常說中國史像似一首詩。但詩中有「志」，看似柔軟無力，卻已表現出無限力量。詩可以「風」，我們不得已而思其次，不治史，姑且學詩。中國詩裏的理想境界，則必是具有風力的。風來了，萬物滋生。諸位若能從詩中披拂到一些古人之風；諸位又若能把此風吹向他處，吹向將來；諸位當知風是無物能阻的。風大了，自能所向披靡。且待我們大家來吹噓成風吧！

七 如何研究歷史地理

一

今天我的講題是「如何研究歷史地理」。

有人說，歷史等於演戲，地理則是歷史的舞臺。此譬實不切合。一羣演員，可以在任何戲臺上演出同樣的戲來。但歷史演員，則正在此特定的地理上演出。地理變，歷史亦變。在這一舞臺上演的戲，不一定能在另一舞臺上演。上帝創世，先造地，後才造人，這世界各處地理不同，人生長在各地上，也就得不同。各地的氣候、物產、交通情況等各不同，於是人亦因地而異。非洲人固不同於埃斯基摩人，希臘人亦迥異於蒙古人。地不同，人不同，因此歷史演變亦不同。孔子不能出生在印度，釋迦牟尼不能出生在耶路撒冷，耶穌亦不能出生在中國；此有地理和歷史的雙重限制。

中國古時，常把天、地、人三位合在一起講。這是有一番極大的現實真理在內的。故研究歷史，同時要懂得地理。若把「天」代表「共通性」，「地」則代表了「個別性」。「人」處於共

通的天之下，但必經由個別的地，而後再能回復到共通的天。此爲人類歷史演變一共同的大進程。人由個別性回歸到共通性，亦爲人類文化理想一項大目標。只有中國歷史深明此義，並亦一貫保持此趨向。歐洲歷史則不然。他們的個別性勝過了共通性。換言之，他們的地域性，顯示出其在歷史上之特別重要性。如希臘、羅馬史，都顯示出有一種地域區分。現代英、法、德、意諸國，亦顯示其乃由地域區分而演出。西洋史因受地域性之限制，而成其爲分裂的。中國歷史則總是合而爲一。自始到今，只是一個中國。

若我們另用「歷史區域」一名詞，則整個中國總在此區域之內。所包容之地理分別。縱是依然存在，可是因其上面有一歷史區域之共同性，超越了此地理區域之各別性，而包蓋涵容了它，因此中國歷史上的地理區別之重要性遂不易見。中國歷史是包融著廣大地域，不分裂的。

講到歷史時期，西洋史是斷續的。如希臘史斷了，接上的是羅馬史。中國歷史則不然。我們決不能說春秋史斷了，接上來有戰國史。戰國史斷了，接上來有秦漢史。中國歷史只是涵氣內轉，一貫直下。故中國歷史區域大，時間長；因而其一切變動都隱藏在歷史內部，看不出，分別不易。中國的歷史地理，好如一大舞臺，一批批演員此進彼出，所演的是一本本的戲。但老在此舞臺上，外表看似單純，而實際則甚複雜。西方歷史則一反於是。時時改變舞臺，不僅演員變，甚至舞臺亦變。故西洋史之複雜性顯在外，即在其地理上，千頭萬緒，一見便知其不單純。其實

七　如何研究歷史地理

一〇七

中國的歷史區域所包容的地理區域之複雜性，決不單純於西方，而且更遠為複雜。一部中國史，幾等於全部歐洲史。

讀西方史，其各地區之相互鬥爭與彼此起落，頗易見。讀中國史，其各地區之相互融和與彼此配合，其事卻不易見。故如不明瞭中國地理之複雜性，便不可能深切瞭解此一中國歷史區域之單純性之表現之偉大意義與價值之所在。故學習中國歷史，更應先熟諳中國地理。姑從最淺顯處說。如治春秋史，若我們不知道晉國在那裏，楚國在那裏，齊國、魯國在那裏，秦國、吳國又各在那裏，試問我們如何能瞭解得春秋史？又如讀自秦以下的歷史，東漢和西漢不同，宋和唐不同，明又和宋不同，這裏面有很大的地理背景不同，疆域不同，首都不同，國防形勢不同，經濟命脈不同，種種有關地理狀況之不同之極大差異在內。因此我們若不明白各時代的地理情況，便不易明白到各時代的歷史事實。

再進一步就中西雙方歷史大趨勢言。西洋歷史是轉動的，自小地面轉向大地面，自低地轉向到高地，自溫暖地區轉向到寒冷地區。一部歐洲史從希臘開始，轉到羅馬意大利半島，又轉向到西班牙、葡萄牙，再轉向到荷、比、英、法諸國，再轉向到德意志，直至今又轉向到蘇俄。其在地理區域上之輪轉動態，大致如此。中國歷史趨勢，不好說是轉動的，只好說是展拓的。中國史是最先從某一狹小地區，展擴到廣大地區去。由是而再從廣大地區推拓到較狹小的地區，從高燥

地帶推拓到低濕地帶，從寒冷地區推拓到溫暖地區的。此一不斷推拓的過程，即自北方黃河流域推拓到南方長江流域，再推拓到更南方的珠江流域，其大勢是如此。此為在中西雙方歷史區域中所包涵之地理背景之一個絕大區別。更主要的，乃在其動的形態上。我們若能自此著眼來研究中西歷史，似乎更可對中西雙方歷史所表現的不同趨勢與不同精神，瞭如指掌。若我們把握到此一大概念，再向裏深入，便可有許多更深邃更重大的發現。而主要則在研究歷史同時能注意到它的地理背景。

講到一個歷史區域在地理上的不斷推拓，只有美國與中國有相似處。美國自十三州開始，由北向南，自東向西，地面繼續開闢，而仍只在此同一歷史區域之內。這與古羅馬以及近代英、法諸帝國主義之向外征服絕不同。一是憑其國力富強，僅是一種地理區域之擴展。一則表現其文化精神以及歷史區域之放大。若使美國沒有近百年來之西部發展，美國文化當不能有今天的情形。也正如中國古代北方若沒有向南方長江流域擴展，也不能有秦漢以後之成就一般。若論往日之大英帝國，曾有一時期，見稱國旗所插處永不見日落。但疆土推拓，即與文化進展無關。英國人仍只是此英國人，就其文化精神言，則仍限在英倫三島。正如東方往昔之蒙古帝國，鐵騎所至，蹂躪歐、亞，但與蒙古民族之原先文化殊無補益。

中國之偉大，正在其五千年來之歷史進展，不僅是地區推擴，同時是歷史疆域、文化疆域也

隨而推擴了。美國之西部推拓，只不過百餘年歷史，自然也不能與中國相比。中國歷史文化傳統之偉大，乃在不斷推擴之下，而仍保留著各地區的分別性。長江流域不同於黃河流域，甚至廣東不同於廣西，福建又不同於廣東。中國民族乃是在眾多複雜的各地居民之上，有一相同的歷史大傳統。上天生人，本是相同的，但人的歷史卻為地理區域所劃分了。只有中國，能由分別性匯歸到共通性，又在共通性下，保留著分別性。「天」、「地」、「人」三位一體，能在文化歷史上表現出此奇蹟來的，則只有中國了。

二

以前學者研究歷史地理，多先注意看兩部書：

一、禹貢。

二、漢書地理志。

兩書相比，後者似更重要。不論禹貢是戰國人偽撰，亦只注意在政治和經濟方面。而漢書地理志則開始注意到各地區的文化背景。因於各地區氣候、生產、交通種種條件不同，而影響到人生文化方面者，其事極深微。要之，各地居民，相互間性格有不同，風俗習尚有不同，心理狀態與精神活動都可有不同。漢書地理志根據詩經十五國風，來叙述推論當時各地區

之歷史傳統和文化特點。此一體統與特點之提示,大值我們注意。惟春秋時代十五國風所詠,大部還是在中國北部黃河流域。我們若細分之,也可說,詩中雅頌部分,是代表著古代中國之西方。十五國風,則代表著當時之東方。但後來中國疆域不斷擴大,由黃河流域到長江流域,而中國乃有南北之分。如戰國時,莊子、老子都是淮河流域人,楚辭產生在漢水流域,然在古人已都目爲是南方了。

當時人,對南北地域人物思想不同,生活態度與精神動向不同,已早有注意。我們也可說,道家思想與楚辭文學,已是中國古代文化中,隨後加進的新產物了。但後來中國疆土開拓,愈推愈南,到三國時代,北方有魏,南方有蜀與吳。此後經五胡之亂,大批人從北方遷移到長江流域,而有南北朝之對立。到此時,中國又正式擴大了南方一片新的歷史疆域。在中國文化中,又加進了很多新的成分,引起了很多新的變動與新的配合。到唐代,南北又融合爲一。下經安史之亂,南部重要性日益增高,自五代十國迄宋代,南方的重要性竟已超過了北方。我們也可說,唐以前中國文化主要代表在北方,唐以後中國文化的主要代表則轉移到南方了。

南宋以下,中國歷史疆域愈往南推拓,極南部珠江流域亦變成中國歷史上極重要的一部分。此時長江流域已成爲中國的中部,淮南已成爲北方,所謂南方便讓給珠江流域了。在古代,五嶺以南,雖已早屬於中國之版圖,但也可說尚未加入中國文化的大統。唐代廣東人在政府中任高職

的，只張九齡一人；他是曲江人，還是在廣東的較北部。至於閩人考進士的，要到韓昌黎時代才

有。但佛教禪宗六祖慧能，竟可說他在中國創立了新宗教，其對後來影響之大，甚少人能比；慧能亦是粵人。惟大致說來，唐以前廣東著名人物究不多見。

孔子在中國歷史人物中是最偉大的，後來惟南宋朱子，其影響之大差堪相隨；而朱子實為一閩人。故在唐以後，中國南方出了兩大偉人，即慧能與朱子。南方地區對中國文化上之貢獻，可謂已超越了北、中兩部。直至近代，南方影響更大了。如太平天國起於粵，平定洪楊者多屬湘人。民國開創，孫中山、黃克強以至蔡松坡，都生在湘粵。近十年來，盤據大陸的毛澤東，也是湘人。撇開其成敗是非功罪於不論，可謂南方人在中國歷史上佔有重要地位，實自現代開始。大致來說，古代中國是北方人的，長江以南地區正式露頭角佔地位要自唐宋始，珠江流域出生歷史人物則為更後之事。

三

上面當然是一種極粗略的敘述。古代北方，後來已被稱爲「中原」了。所以中國歷史上之地理推拓，應列爲研究中國歷史主要一項目。若我們亦如研究西洋史般來研究中國史，把此歷代區域中之地理背景，一一加以分別，逐地逐區，隔開來看；其人物性格，其社會風尚，其經濟榮

一一二

枯，其文化升降，各方面均可發現出無限複雜，無限變動，並可有無窮妙義爲前人所未加注意者。但更重要乃在中國如何能將此不同地域之不同的人文背景，不同社會，不同性格、嗜好、心理傾向與精神嚮往等，多方面之人羣，匯通和合，冶之一爐，使其同成爲中國人，鎔鑄成一個中國文化，展演出一部中國歷史來。

此事已往在中國，似乎不成一問題。但我們現在面對著一部歐洲史，看他們直從希臘以來，永遠是分崩離析，各自立國，互不合作。雖面對大敵，危機在前，其各地區之不能融和相協，依然如故。但中國何以能致於大一統，能將不同地區、不同性格、不同風習之人羣，共同陶冶在同一文化系統之下，共同來創造此一歷史傳統？中國之地理擴展，並非如西方帝國主義憑武力來向外征服，而是一種自然的趨向於文化的凝聚與統一。因此，西方歷史看似複雜而實單純，其單純在外面的形式，而內裏精神則實是複雜。西方歷史上之所謂英國人、法國人，只似一種化學單位；而中國歷史上之中國人，則似化學上一種混合製劑。

我要問諸位，未來世界人類前途究該永遠分裂抑宜融和相通？如果答案肯定在下一面，則未來的「大同世界」，應非採用中國理想走上中國人的歷史道路不可。正因世界上唯有中國人無地域偏見，無民族偏見，而能高揭一文化大理想來融通各地域，調和各人羣。尤其是中國儒家能力

持此一理想，並亦有已往歷史可爲作證。如西方各自分開，各求發展，總會有毛病。如中國，統諸異，求一同，愈統會便愈複雜，愈融和便愈變化。若非細參中國歷史，諸位或許不易接受此說法。

今天的西方人，講歷史人類文化前途，似乎均帶有一種悲觀氣氛。其實西方人自有歷史哲學以來，便是帶有悲觀氣氛的。此話如何說起？如西方歷史哲學家黑格爾，他認爲人類最後命運當掌握在日耳曼民族手中。此一觀念，便已是悲觀的。難道上帝特爲日耳曼人來創造此世界的嗎？討論人類文化前途，自應高瞻遠矚，不應專著眼在日耳曼一地域與日耳曼一民族。此下馬克斯的辯證唯物史觀，亦屬悲觀論調。他說資本主義社會必然崩潰，共產主義社會必然興起，全世界無產階級必然有一天會聯合起來打倒目前的資本主義。至少此項觀念對西方來說是悲觀的。只因馬克斯是猶太人，他本人對西歐文化本無切身痛癢，故由他說來，好像不覺是悲觀。猶如黑格爾是日耳曼人，他爲自己民族自吹，他看世界人類文化命定地要轉落在日耳曼人手裏，在他意想中亦不覺是悲觀。但由對方看來，則實際是一種悲觀。

今天的蘇維埃，把自己置身於西歐之外，他們崇奉馬克斯，認爲人類前途則必然在他們手裏。他們覺得是一種興奮，不感其是悲觀；也正如黑格爾給予日耳曼民族以一種興奮，而不覺其悲觀一樣。從前人不察此理，認爲西方悲觀歷史哲學，自德人斯賓格勒始。其實當推溯到黑格

爾。故我說西方人講歷史哲學，是徹頭徹尾有悲觀傾向的。若問其何以如此？則因其不能擺脫「地域偏見」、「民族偏見」乃至「階級偏見」故。

當前英國文化史學者湯恩比的文化觀，亦是悲觀的。他以生物學上的刺激與反應說，來闡釋人類文化的發展。其實就近代西方文化言，他們的富強力，早足以征服世界，宰割世界。在他們外面，並不能有何力量來刺激他們。他們之病象，乃由他們內部生出，而非外界所給予。湯恩比並未能深切看出人類文化以前與以後之真問題、真癥結之所在，故他列舉世界人類文化，乃至分成七八十種之多。可知湯恩比講人類文化，依然限於地域分隔，不能調和融通來看。若儘依此地域與民族之分隔看法，則只在英倫三島，也可有愛爾蘭起來自鬧獨立。宜乎世界各地文化，永遠不能超出生、老、病、死之輪迴悲劇了。更可笑的，是湯恩比將人類文化分成西方與東方兩部，而將今天的蘇俄硬派到東方來。其實共黨鼻祖馬克斯，原籍在德國，其血統則出猶太。逃亡倫敦，從事著作。他個人純係在西方環境中培養而成。他的歷史哲學，也全根據西方歷史作證。無論如何，共產主義不能算是東方文化中的出品。

四

上帝創世，先造地，後造人，複雜多異的人，生於複雜多異之地面上。耶穌曾說過：「上帝

的事歸上帝管，凱撒的事歸凱撒管。」但不幸凱撒是一羅馬人，先是地域性把他限了，他又如何能管理全部地面上的人呢？西方觀念之悲劇性，正在不脫離此狹隘地域性的束縛之一個原因上。

有的中國人也信了斯賓格勒之說，有的認爲中國文化到戰國以後就停止了，或竟是熄滅了。有的認爲唐以後中國文化是停止了，熄滅了。但我並不如此想。即論西方文化，也並沒有死去。自希臘、羅馬以迄今日，直到蘇維埃，均是歐洲文化在演變。若限於地域觀念，則感到希臘、羅馬文化都死了。

中國文化之到今仍能存在，只用歷史上的地理分析，也可用來作說明。中國歷史上每經一次大亂，必有大批人士，由其原地址流亡遷徙到新的區域去。一個文化在某一地區的一個社會上一長久，便會因種種關係而呆滯停頓下來，不再能前進。但正如植物一樣，如果施行接枝移植，便又會重生新枝，再見發榮。一粒種子，播到新的疆土，遇到新的養料，便會產生新的生命。

西漢末年，長安已殘破。東漢末，洛陽又成一片荒墟。五胡之亂，一部分中國人遷往遼東，一部分遷往西涼。待到北朝興起，此兩支人再匯合起來，茁長了新生命。其大部分中國人遷往長江以南的，則成立東晉與南朝。此下南、北朝再經匯合，即有唐代新盛運興起。此種文化新生，乃因新地域得來。譬如佛教傳來中國，也得到了它的新生命。佛教在南方，遇到一不識字的慧能，即創立了禪宗，成爲佛教後起一大生命。又如儒家，本在中原北方，到宋代新儒家便大部是南方人。

一一六

中國文化永遠在大地面上，因於不斷的播遷，反而生發了文化新生。如能照此路線深入作研究，亦可闡述出中國文化所以能緜亙四五千年而長見其不衰不老之一個理由來。

講到此處，我不禁想到今天海外各地遍布中國流亡人士的足迹。我認爲經過這一次新的播遷，可能又醞釀出中國文化此下的新生命。將來此大批流亡人士，必然有一天會回到祖國，在中國歷史上必然會有一番新配合與新開展；這是根據已往歷史而可推想其可能的。斯賓格勒的歷史悲觀論，只因爲他們限於一地域，限於一民族，把來各自獨立分開算，則一個地區衰了敗了，便像無法再站起。如把中國歷史來看，豈能説齊國亡了，魯國亡了，吳國亡了，越國亡了，他們各國間的文化也就中斷不見了？若西歐人也能如中國般，早就融聚成一個大國家，早就陶鑄爲一個大民族，他們的文化，豈不也會和中國般長生不老嗎？

故就中國以往歷史事實言，中國的文化新生，與其一番新力量，大體均係在新地面新疆土上產生。故我謂中國文化之發展，乃係隨於新地域之轉進而擴大。諸位不妨自史籍中細心找尋資料，爲此作證，大可寫成一册數十百萬言的巨著來，將爲世人討論人類文化問題者一新耳目。當然上面所説，只是一番極粗略的叙述。即如古代中國之北方，後來也被稱爲「中原」了。

中國歷史上的地理展擴，同時即是文化展擴，此中大有值得研究處；我只借此處指出，供諸位作參考。

現在也有人說：西方文化發生在都市，中國文化植根在農村。此語亦有理。但中國也有都市，西方也有農村。只是西方都市其形勢常是對外的，它們都市中之工商業，必求「向外伸張」，以求維持此都市之存在與繁榮。因此都市與都市間，也成爲各自獨立而又互相敵對之情形。中國都市則由四圍農村「向心凝結」而成，都市與農村相互依存。農村既是大片地存在，都市與都市也相互聯絡融和合一。因此西方帝國主義，同樣是向外伸張。而中國歷史上之地理推擴，則亦同樣只是一種向心凝結。帝國主義之向外伸張，外面殖民地可以叛離而去。中國文化之地理推擴，則在其文化內部，自有一向心凝結之潛力存在。但由上面再引伸，近似玄論。我們試再歸回到本題上。文化推擴到新地區，可以獲得新生命與新進展，已在上面說過。但若一地文化衰落，是否可以再興復活呢？此層值得再論。

五

上面又說，西方文化主要在城市，中國文化主要在農村。城市繁榮，此起彼落。農村雖有興衰，但比較穩定。因此，作爲農村凝結中心的城市，亦自與相互爭存的城市不同，而聯帶有其穩定性。讓我把在中國文化系統中，占有較長歷史性的兩個地區，來比較作證。一爲今之山東省，一爲今之河南省，爲何我們不舉長江流域之江浙或珠江南部的閩廣諸省呢？因這些地區加入中國

中國歷史研究法

一一八

文化傳統中比較遲。而此兩省，直上直下，幾千年來都在中國文化大統中占有人文成就上的重要地位。這兩省時經戰亂，時遭饑荒，變動極大。但屢起屢仆，屢仆屢起，並無所謂文化一衰即無再興之理。我們今日若有人來寫一部「山東、河南兩省文化興衰之綜合研究」，我想這一題將是饒有意義的。當然不限此兩省，即拈別地區作例，亦同樣有意義。

上述中國北方，是中國文化的老家。就今天講來，一般情形不如南方則有之，但諸位莫說中國北方已老了衰了，中國文化已轉移到南方來；此實一大錯誤。但我們希望中國文化的發源地北方中原，都重來一大振興，則是應該的，而且也是重要的。

六

今天所講，也可說是講的「文化地理」。地理與文化有關，如氣候、水土、山川形勢、物產風景種種要素，皆與人類歷史文化有大關係。如一輩子生長在香港的人，將不能真了解中國之北方。中國北方水土深厚，其人物也比較穩健踏實。香港人非親到北方，便不易瞭解。但中國北方人若不親來香港，也一樣瞭解不到香港。諸位試想，中國地理有如此般的複雜性，此地人不到那地，便不易瞭解到那地，但不害其同樣成爲中國人，同受中國文化的陶冶；這又是何等偉大的一件奇事呀！我講至此，就想到講歷史不能單靠書本知識，還要多遊歷。例如信耶穌的須到耶路撒

冷去，佛教徒須到印度，崇拜孔孟便想去曲阜、洙泗一遊，因遊歷可得更深更親切的知識，決非徒求之於文字書本者可得。

尤其是中國各地，無論通都大邑，窮鄉僻壤，都有歷史上的名勝古蹟，人物遺風。即就香港言，原本是中國極南一小島，在中國歷史上似無地位可言。但諸位在此，便知香港亦多歷史故蹟，遠的如南朝時代之青山寺，重大的如宋元之際之宋王臺等。我的故鄉是江蘇無錫，小地名叫梅里。遠從吳太伯起，下迄東漢梁鴻，直到明清近代。有一書名梅里志，此書現在美國各大圖書館中亦均可見到。此書敘述這梅里一小區域中，所有之歷史故蹟名人遺踪。我幼時常好繙閱，真是可謂接觸了中國歷史之一角。我想在座諸位，各自回憶自己之故鄉，亦必各可清楚記得自己故鄉所有之歷史故蹟名人遺踪。即如廣東人講到曹溪六祖，豈不是唐以後中國文化史上一了不起的人物嗎？故中國地理，已能和其歷史交融密合緊配在一起了。沒有一地無歷史關係，無文化消息。若我們能到國內各地遊歷一趟，真可能是應接不暇，流連無盡。諸位到一處，才可明白此一處之歷史，此一處之人物，與此一處之文化。以遊歷來作印證，以遊歷來求發明，這實是有意研究中國歷史文化一重要的步驟。

我常聽有人說：中國民族同化力大，故歷史上不斷有外族入侵，都給我們同化了。這話也非不是。但更要的是，中國人如何能先自同化自己，成其爲同一中國人。這一問題，顯然比前一問

題更基本，更深入。又有人說：中國地理易於統一，不如歐洲地理之易於分裂。這卻未見其誠然。我不知法、比、荷、德的地形如何定須分離？我又不知同一條多瑙河順流而下，如何定須隔斷？但在中國春秋時，晉國人自稱爲「表裏河山」，足可獨立的。戰國時，秦國見稱爲「四塞之國」，難於被侵的。後來的四川，人道是：「天下治，四川後治。天下亂，四川先亂。」試問如江、淮、河、漢諸大流，如太行、秦嶺、五嶺諸山脈，比較起歐洲地形來，何以必見爲易於統一，不易分割呀？這裏面決不是自然地理的關係，而是人文歷史的關係。否則如我家鄉太湖流域江浙兩省，若要模倣歐洲，至少亦該分江南、江北、浙東、浙西四國吧！只因我們習慣了在字面上、在口頭上，老說中國和中國人，卻不仔細討究其成爲中國和中國人之一切歷史文化來源；所以我今天特地提出研究「歷史地理」一題目，也如研究歐洲史般，不妨起一番心，分著地區來研究。每一地區，從其歷史演變中，自上到下，溯源竟流去探討，去追求。即如我的家鄉無錫人，在春秋戰國是這樣的，到明清兩代又是那樣的。又如廣東在兩漢時代是那樣的，在南北朝、隋唐時代又是那樣的。我們才知中國幾千年來，能在這廣大多異的地面上，自己搏成一民族，創立一文化到今天，其間確有不平凡的意義存在。若我們忽忘了此地理的一面，只像一條線般，由上而下來講中國史，則將失去其中許多的精采和真實。

八　如何研究文化史

一

今天是〈中國歷史研究法〉的最後一講，今天的講題是「如何研究中國文化史」。

以上七講有關研究政治、社會、經濟、學術、人物、地理各方面，均屬研究中國文化的一部分。我們如果專從文化史來講，則其範圍應仍比上述各方面爲大。可以說，「文化」是全部歷史之整體，我們須在歷史之整全體內來尋求歷史之大進程，這才是文化的真正意義。進一層說，歷史是人事記載，但有很多人事不載入史籍中。並非不重要，只爲向來史體所限，故不一一載入。適才所說的歷史整全體，則是兼指載入史籍與未載入史籍的而言。換言之，「文化」即是人生。

此所謂人生，非指各人之分別人生，乃指大羣體之全人生，即由大羣所共同集合而成的人生；包括人生之各方面、各部門，無論物質的、精神的均在內；此始爲大羣人生的總全體。又當是立體的，而非平面的。即是此整全體之大羣人生之兼涵歷史演變在內者。中國文化延續數千年以至今天，由其歷史演進之總全程，包括一切方面，而來研究其匯通合一之意義與價值者，乃是所謂

「文化」。

「文化」一詞亦從西方翻譯而來。中國從前人研讀歷史，只要懂得人物賢姦，政俗隆污。憑此一套知識，可以修己治人，則研習史學之能事已畢。現在則世界棟通，各地區，各民族，各有一套不同演進的歷史傳統存在著。如何從其間研覈異同，比較得失，知己知彼，共圖改進？於是在歷史學之上，乃有一套「文化學」之興起。此在西方不過百年上下之事。但中國古人實早有此觀念。易經上有「人文化成」一語。「文」即指人生之多采多姿各種花樣言。人羣大全體生活有各部門，各方面，如宗教、藝術、政治、經濟、文學、工業等；各相配合，融凝爲一，即是文化。故此一翻譯，實甚恰當。自此處言，可見文化即是歷史，惟範圍當更擴大，內容當更深厚。若我們有意研究文化，自須根據歷史。因文化乃是歷史之真實表現，亦是歷史之真實成果。捨卻歷史，即無文化。

但從另一方面看，研究文化須有哲學智慧。文化本身固是一部歷史，但研究文化則是一種哲學。全部歷史只是平鋪放著，我們須運用哲學的眼光來加以匯通和合，而闡述出其全部歷史中之內涵意義與其統一精神來。此種研究，始成爲「文化史」。但文化並非即是一套哲學，哲學亦僅只是文化中之一部門。若認爲文化是一套哲學，此實大誤。近人如梁漱溟氏著東西文化及其哲學

一書。彼似乎只根據哲學觀點來討論文化，亦嫌不足。我們當知討論文化，此討論之本身即是一種哲學了，但所討論者則並非哲學，而是歷史。哲學可以凌空討論，而歷史與文化之討論，則必有憑有據，步步踏實。此一分辨，先當注意。

二

我下面所講，並不想講中國文化內容如何，乃是講研究中國文化必具有某幾項該注意的觀點。除了開宗明義的第一點，即「研究文化史要具有哲學頭腦，並以歷史事實為根據」外，尚有下列諸點，茲逐一分疏，加以說明。

其一：討論文化史要注意辨異同。

有人說，人類本體既相同，則世界各地區所有文化應亦無大差異。此說誠亦不錯。但我們試舉一位音樂家與一位運動家作例，一人善鋼琴，一人善網球，此兩人除此一項相異外，其他方面或可說百分之九十九相同。但我們所要注意者，正是此兩人間一善鋼琴與一善網球之差別所在。若忽略了此異處，便成為無可說。人同是圓顱方趾，同是五官四肢，但人心不同如其面；雖同是如此圓顱五官，卻不該把他們異處抹去。西方學者似乎到今天才始感到有文化學研究之必要。因他們已知世界各地區各有不同的民族文化傳統，除卻西方自己一套以外，尚有其他文化存在。即

就西方歐洲言，如英、法、德、意諸國，他們也感到相互間各有不盡相同的文化傳統。因其有此覺悟，纔始知有文化研究之可能與必要。我們縱不說文化是多元的，但至少是歧出的。若專從同處著眼，如何能盡文化研究之能事？

在二三十年前，常有人説，西方文化只比中國文化走前了一步；中國文化僅相等於西方的中古時期。若中國能再前一步，便將與現代西方文化無二致。此可謂是一種「文化抹殺論」。世上各民族文化傳統儘自有其相同處，然而仍必有其相異處；因此乃有各種文化體系可説。當知每一文化體系，則必有其特殊點所在。有其特殊點，乃能自成爲一文化體系而存在。不能謂天下老鴉一般黑，一切文化則必以同於西歐爲終極。

其二：討論文化須從大處著眼，不可單看其細小處。

如西方人初來中國，看見女人裏小腳，男人拖長辮，便認爲此是中國文化。此亦是中西一相異處，亦是一特點，但太瑣屑細碎了。研究文化若專從此等處著眼，則將永不識文化爲何物。若我們指認街上一人，説其面有黑痣，此並不錯。但若要我們介紹自己一親戚朋友，我們若只説其人面有黑痣，此外更無可説，那豈不成大笑話？.此等説法，我則名之曰「文化的枝節論」。但見人面有黑痣，不見有根本大處。此刻的中國人，男的都不拖辮，女的都不裹腳，但中國文化依然有其枝節小處，不見有根本大小。此即枝節與根本大小之辨。有其獨特處；此即枝節與根本大小之辨。

八　如何研究文化史

一二五

其三：討論文化要自其匯通處看，不當專自其分別處尋。

我剛才說過，政治、經濟、思想、學術、藝術、宗教、工業、商務種種項目，都屬文化之一面。但在其背後，則有一會通合一之總體。我們若各別分講上述諸項，雖均屬文化範圍之內，但所講只是宗教、藝術、政治、文學等等，並不即是在講文化。例如一個人，他的日常生活總可分多方面來說，如在學校，在家庭，或在其他的社會場合中。須把此多方面匯通綜合起來，纔說得是明白瞭解此人。如只能分析，不能綜合，此如佛經所說盲人摸大象，有的摸到象鼻，有的摸到象腳。凡此盲者所接觸到的，固然均屬象之一部分，但部分不即是全體。一隻象不能即是象鼻或象腳。凡此盲人所接觸者，則並非是一象。若研究文化問題，不能從其匯通處看，不能從其總體上求，則最多仍不免是一種文化之偏見。

其四：討論文化應懂得從遠處看，不可專自近處尋。

要知文化有其縱深面，有長時期的歷史演變在內，不可僅從一個平切面去認識。如我今天所講，有的是當前事，有的有一二十年歷史在背後，有的乃就兩三千年之歷史傳統言。諸位當知，又如諸位看在於香港社會的事事物物言，亦儘有可追溯到一二千年以上者。諸位當知，文化進展莫不有其長遠的途程。在其途程中有波瀾曲折，有迂回反覆，不斷有新的加進，但亦永遠有舊的保留。若橫香港社會形形色色，豈不同樣有當前事，有一二十年前事，乃至更遠的存在？諸位當知，專就存

切一平面看，便不看見此進展大勢。固然以前進展也儘多保留在此平面上，但必須知此平面亦必仍然在進展中。

記得我在小學時代，一天，有一位先生知道我正看三國演義，對我說，此書不足看，開頭便錯了。他說：「天下大勢，分久必合，合久必分，一治一亂云云，那只是中國人老話。如今世界進步了，像現代西方英、法等國，他們是治了不再亂，合了不再分的了。那裏像三國演義上所說」！此係六十年前事。但以六十年後今天情形來說，那位先生的話，準說錯了。我想此種說法，只能稱之爲「文化的短視論」。

文化演進，總是如波浪式的，有起有落。正如一個身體健康的人，他也會有病時。一個身體羼弱的，也會有康強時。所以衡量一人之體況，該看其前後進程。看文化亦然。近幾十年來，國人對自己傳統文化的看法，似乎都犯了一個短視病。都只從一橫切面來說。若我說中國文化有價值，便會有人問，既有價值，如何會成今天般光景？但我也要問，西方文化進程中，難道從沒有過衰亂與黑暗的日子嗎？以前歷史有變，難道以後歷史便再不會有變，老該停在今天當前的這般情形之下嗎？我剛才所舉六十年前我的那一位先生所告訴我的一番話，那時的英國、法國，豈不正是如日中天？我的那位先生正爲只從他那時的平切面看，認爲英、法諸國再不會走下坡路。但在今天，由我來回頭叙述，真使人有白頭宮女說玄宗之感慨了。這不過是前後六十年間事而已。

故知我們對一個民族文化傳統之評價，不能單就眼前所見作評判的定律。我們應懂得會通歷史全部過程，回頭從遠處看，向前亦往遠處看，才能有所見。

其五：討論文化應自其優點與長處看，不當只以其劣點與短處看。

此因任何一文化系統，必有其優點與長處，當然也必有其劣點與短處。就已往及當前言，世界任何民族所創出的任何文化體系，尚無一十全十美的。將來是否能有一個十全十美更無毛病的文化體系產生，很難說。恐怕人類文化，將永遠不會有十全十美的。這是上帝造人如此，也無可奈何。我們接待人、領導人、教誨人、或希望督責人，也只有從其長處引進。若專心一意來指摘人短處，則人非聖人，均難自免。如有人長於音樂，我們正可從音樂方面來鼓勵培植他，卻不宜笑罵他別的什麼都不會。專從人短缺處吹毛求疵，則一切人將見爲一無是處。

對人如此，對己亦然。不能說專對自己也尋瑕求玷便是好。這可說是一種「文化自譴病。」

今天的中國人，看自己文化傳統，正抱此病。有人說中國文化更無別的，只是有太監、姨太太、打麻雀牌、拖辮子、裹小腳、抽大烟。這些指摘，自也不該否認。但我們要問中國五千年來一部二十四史，是否只是太監、姨太太、打麻雀牌、拖辮子、裹小腳、抽大烟，此外更無別的？我們是否應該軟下心，回過頭來也說它一些長處？專一吹毛求疵，剔垢索瘢，似乎不是一種好態度。

如上所舉，太監、姨太太、麻雀牌、辮子、小腳、鴉片烟等，在我們此五千年來之悠長歷史中究

竟占了何等地位？我們也該翻一翻二十四史、十通等許多歷史書籍，此諸形態究從何時開始？究竟發生了何種影響？究否是中國文化之大本大源與大綱大領所在？當然我並不說討論文化不該批評其短處，乃是說亦該認識其長處。

而且我認為一種文化之真短處，則正該從其長處方面求。譬如說，我並非一演說家，亦非一語言學家，但此均非我之短處。討論我之長短者，不應在此方面立論。我此刻是來講歷史文化，諸位找我短處，正該從我所講中去找尋，去指摘。因此我們討論文化，正該先瞭解其長處，然後指摘其短處。不能說一人長於游泳，但偏要他比賽打網球。若不會，便是他短處。

有人說，我向來講中國史總愛舉其長處，如此則容易誤認為中國文化有長無短。其實要講中國史，盛衰進退、治亂興亡都該講。不能只講漢唐，不講三國與五代。但若你來寫一部希臘史，自然只寫希臘出生了亞里士多德、柏拉圖和亞力山大，卻不必歷數希臘沒有出生過孔子、釋迦和耶穌。希臘後來衰了，但當希臘盛時，那些優點也不該一筆抹去不提。而且寫希臘史的，正該在其盛時多著筆，衰了便無語可著了。我上面說過，講文化依然只是講歷史。不能說今天中國不像其盛時多著筆，衰了便無語可著了。這真是「中國不亡，是無天理」了。在我幼時，六十年前的中國樣，便對以往不該敘述其長處。他們當然亦是激發於一時愛國熱忱。但我們若平心靜氣來討論文化問人，抱此見解的真不少。他們當然亦是激發於一時愛國熱忱。但我們若平心靜氣來討論文化問題，則似乎不宜如此般一意自譴。太過自譴了，至少不客觀，不真實，沒有歷史根據。

上面說過，文化只是人生。我們在實際人生中，也那能專找人短處的呢？無論在家庭、在社會，或交朋友、或處師生，人與人間則總有種種關係。若一意專找別人短處，此諸關係也都不可能存在。若真說中國文化只有太監、姨太太、麻雀牌、鴉片烟、長辮和小腳，那真成為「中國不亡，是無天理」了。但試問此世界上豈不仍還有中國和中國人之存在嗎？不能因為一意要罵中國和中國人，卻罵到上帝瞎了眼，喪了良心，說此是無天理呀！因知做人自譴過甚，也是一病。討論文化問題，我們也不該只如是般一味自譴自責！

上述關於如何研究文化問題，我特就我們中國此六十年來學術界風氣，提出下列諸點：

一、應根據歷史真情。

二、求其異，不重在指其同。

三、自大處看，不專從小處看。

四、從匯通處看，不專從各別處看。

五、看得遠，不可專從一橫切面只看眼前。

六、不可專尋短處，應多從長處處著眼。

三

以上講了此三研究文化問題所應保持的幾種心習和態度。此下再略談有關討論文化問題的其他方面。首先談到所謂「文化精神」與「文化病」。

任何一種文化都會出毛病，但所謂文化病往往恰好正從其文化優點上生出。此層驟似頗難說，但以淺顯例言，如騎者易墜，操舟者易溺，歌唱者易失音，演劇者易失態，歷史上亦儘不乏其證。中國傳統文化，政治方面可說是最見長的。但中國歷史上大病，正以出在政治方面者為多。近幾十年來，中國病痛主要亦出在政治方面。若說近代中國工商實業不發達，新科學不生根，這話也都對。但這些只是外在短處，我們儘可設法補救，或說迎頭趕上。所以老不能如此，則正為內在有病。此一病，從中國近代歷史講來，顯然仍是政治病。若使政治上沒有病，我們想要提倡科學，振興實業，該不是做不到。故我說，所謂「文化精神」，應指其特殊長處。而所謂「文化病」，則正亦出生在其特殊見長處，而不在其短缺處。

若要把別人長處來彌補自己短處，便有所謂「文化交流」與「文化革新」。但文化體系譬如一七巧板，只是那七塊板，卻可拼成一頭鳥，或一個老人，或一艘船，或其他種種拼法，可成種種形態。只在此七巧板中，一塊位置變動，其餘各塊也得隨著全部變。此處可見文化交流與文化革新之不易。在文化傳統大體系中，從外面加進些微影響，亦可使整個文化體系改頭換面。當知別人長處與自己長處，驟然間未必便能配合上。所怕是引進別人長處，先把自己長

處損害了。自己陷入病中，則別人長處亦將不爲我有。故文化交流，先須自有主宰。文化革新，也須定有步驟。此六十年來的中國知識界，既對西方文化並未加以審慎別擇，而對自己固有傳統更不能深細剖析其利病得失之所在。隨便引進一些，卻轉對自己損害一些。於是意態愈激，遂有提出所謂「全盤西化」之說。但所謂西化，究向西方那一國那一民族的文化模型來化呢？這其間也得有別擇，仍須有步驟，否則如何全盤地化法？「盲人騎瞎馬，夜半臨深池。」終是件危險事。

其實這六十年前乃至六十年中，文化何嘗不時有革新？只爲是無別擇、無步驟。譬如那七巧板，初時一兩塊稍微移動，還依稀見得原來模樣是老人、是馬。後來逐塊都變亂了，原來模樣早已消失，但又儘拼不出新樣子來。演變到近年如共黨之所爲，他們決意一面倒，只求蘇維埃化，總算在「全盤西化」中選出一模子，可以照拼照湊。又無奈是文化舊根柢太深固，苦於一時斬不斷。在看得見的方面縱使都西化了，但中國的自然背景還在，中國人的傳統心習究難盡情剷除，勢將仍多少受中國舊傳統的影響。

從前有人主張，要勸中國人搬全家去外國留學。但此主張決難徹底。這一家縱西化了，待這一家回到中國，豈非仍在中國社會裏？若使我們能把全體中國人一口氣都搬到外國，則豈不仍在外國憑空搬進了一個中國社會？我們人口又多過了任何一個外國，那豈不要把外國社會反而中國

化了？這六十年來的中國人，一番崇拜西方之狂熱，任何歷史上所表現的宗教信仰，也都難相比。所惜只是表現了些狂熱的俗情，偏激的意氣，最高也只算是空洞的理想，沒有能稍稍厝意到歷史與現實方面去作考慮。

至此，我們要講一些文化的「共態」與「個性」。文化有共同處，是其共態。文化有相異處，是其個性。個性有長有短，貴在能就其個性來釋回增美。共態是一種普通水準，個性則可有特別見長。但亦不能在個性上太發展，而在共態上太落後。如印度文化，便有此毛病。六十年來的中國人常說：「西方人用電燈，我們用火水燈。西方人乘汽車，我們坐獨輪車。我們如何能與人相比！」此亦所指，亦只在文化共態方面。在此共態之上，總還得有些己的個性。又有人說：「我只要能和人一般地用電燈，坐汽車，個性生而俱有，卻不怕遺失了。我們儘說全盤西化，但中國人總還是中國人，莫要老在這上面操心。」此一說，驟看像有理，其實是一大荒唐。創爲此等說法者，實全不知文化與人生爲何事。當知文化與人生，莫不由人的心智血汗栽培構造而成。那有如哥侖布尋新大陸，一意向西，結果卻仍回到東來之理！若果我們全心全力來求全盤西化，西化不成是有此可能的；若謂東方依然仍還是個東方，這卻在從來的人類文化歷史上難於得證。

我們繼此再談一問題，即是「世界文化」與「民族文化」之別。究竟統一性、大同性的世界

文化將在何時出現？此問題誰也不能答。或者我們可以說，這一種世界文化，在今天已在醞釀開始了。但何時能成熟確立，此尚有待。在我認為，世界文化之創興，首在現有各地區各體系之各別文化，能相互承認各自之地位。先把此人類歷史上多采多姿各別創造的文化傳統，平等地各自尊重其存在；然後能異中求同，同中見異，又能集異建同，採納現世界各民族文化優點，來會通混合建造出一理想的世界文化。此該是一條正路。若定要標舉某一文化體系，奉爲共同圭臬，硬說惟此是最優秀者，而強人必從，竊恐此路難通。文化自大，固是一種病；文化自卑，亦非正常心理。我們能發揚自己文化傳統，正可對將來世界文化貢獻。我能堂堂地做一個中國人，才有資格參加做世界人。毀滅了各民族，何來有世界人？毀滅了各民族文化傳統，又何來有世界文化？

我下面將再略說文化的陶冶與修養，及其承擔與護持。或有人問：你上面所說諸項文化問題及發揮中國文化優點，固然也可能很對。但中國文化在今天，確已像到了一條山窮水盡之路。要何人來承擔此一番文化復興之大任，以及如何來護持此一分文化業績於永存呢？此一問題，該是很艱鉅。但我的答案則很簡單。中國古人說：

　　道不虛行。

又說：

苟非至德，至道不凝焉。

文化的責任，只在人身上。明末大儒顧亭林曾說：

天下興亡，匹夫有責。

此一番文化業績之護持，其職責正落在我們當前各人的身上。自然非有一番文化修養與文化陶冶的人，便無法來善盡承擔文化與護持文化之責。上次我說過，只要有中國人在，在其背後則必帶有一套中國的文化傳統；此是從一面說。但話又得說回來，今天的中國，對自己以往那一套文化傳統，有的存心鄙薄，有的漠不關心，似乎中國人對中國自己文化傳統，並不能如其他民族般保守與固執；此亦或可是中國人一長處。但今天若要護持與承擔中國文化，則非先有人能受良好的文化修養與陶冶不可。此事可以深言，也可以淺說。今天我們或許對政治、對經濟、對學術各方面已感到自己力量薄弱，無法來分擔此責任。但如何像樣地做一個中國人嗎？你不信你自己能像樣地做一中國人，難道你準自信能像樣地做一外國人？若能像樣地做一中國人，此人便已接受了中國傳統的文化修養與文化陶冶，亦已對中國文化有所承擔、有所護持了。

或有人還要問，中國文化究竟在將來有無出路？此則觸及文化自信與文化悲觀的問題上去。

我上講曾指出，在目前，連西方人也對他們自己的文化傳統陷於悲觀，失卻自信；則無怪我們要提出此問題。但文化本是由人創造的，文化要人繼續不斷地精進日前永遠去創造。路在前面，要人開，要人行。不開不行，便見前面無路。卻不是前人創下此文化專來供後人享受。一個文化中所留下的物質成就，是可供人享受的。一個文化中所蘊有的精神力量，則待後起人各自磨鍊來發揚，來持續。文化本身是屬於精神的。僅存著一堆物質，到底不成為文化。因此，此一問題無可討論。失卻自信，便真可悲觀。只有我們把各自信心先樹立起，便見無可悲觀處，接著的問題才能有討論。

以上所講，只就我個人針對著近六十年來中國人講文化的一般流弊和短視之處說起。我只因生在此時代，深受此一種時代思潮觀念之影響，心中老覺苦悶不安，總想在此問題上找一出路，讓自己心下得一解決，因此引生出這許多想念來。但我此種種想念，亦非憑空隨便的想。我自問是曾在以往歷史上下過一番工夫，而始引生起此種種想念的。

這次一連八講，由於時間所限，所講總嫌空泛膚淺，又是語焉不詳。我不能站在純歷史、純學術的立場來講話，有時不免帶有情感，隨便空說，請諸位原諒。

附

錄

略論治史方法

一

歷史本係複雜人事之記錄，尤以中國史緜歷之久，包涵之廣，記載之詳備，所謂「一部十七史從何說起」，更何論於今日。近人治史好言系統，然系統亦未易求。晚近學人言國史系統，不越兩途。一謂自秦以來，莫非專制政體之演進。無論歷史上任何事項，莫不以「帝王專制」一語為說。秦始皇焚書坑儒，漢武帝表彰五經，排斥百家，盡屬專制。乃至隋唐科舉，明代八股，莫不謂其便於專制。其他一切率類此。

此等說法，起於晚清革命變法潮流之下，不過為當時一種黨人之宣傳。細按之，無當史實。待滿清傾覆，專制政體推翻，此等歷史觀，早應功成身退。而謬種流傳，緜延不絕。據此輩人之見解，不啻謂中國自秦以來二千年之政治傳統，全屬不合理。直到最近民國建立，光明稍露，乃始謂驟然有長足之進步。而此等進步，明屬模倣西洋。則中國此下豈不只有西化之一途？此等見解，我故名之曰「近代中國人之維新觀」，實即是一種「崇洋媚外觀」。

又或根據西洋最近「唯物史觀」一派之論調，創為第二新史觀。其治史，乃以社會形態為軀殼，以階級鬥爭為靈魂。所論厥為自秦以來，中國社會形態之階段分別。若謂中國尚在「封建社會」之階段中，絕未走上「商業資本社會」之階段。自謂其對中國史已全部通透，而無奈其誤解。照彼等意見，歷史上種種事跡，總之為上層經濟榨取之一種手腕，與下層無產民眾之一種反抗，相互為消長起伏，如是則僅為彼等政治趨向之一種工具、一種說法，惜亦同樣無當於國史之實際真相。

中國已往歷史，究有何等意義？中國已往文化，究有何等價值？中國將來之前途，除卻抹煞自己以往之一切而模倣他人以外，究有何等生路？此則尚待真心治史者之努力。

治史而言系統，固非易事。然若謂歷史只是一件件零碎事情之積疊，別無系統可求，則尤屬非是。或謂國史尚在逐步整理中，遽言系統，未免過早。今日急務，端當致力於新材料之搜羅，與舊材料之考訂；至於理論系統，暫可置為緩圖。此說亦可商。歷史範圍過廣，苟非先立一研尋之目標，以為探討之準繩，則史料盡如一堆流水帳，將見其搜之不勝搜，考之不勝考；而歷史仍不過為一件件事情之積疊，將終無系統可言。此如清儒治經，初謂「訓詁明而後義理明」，其論亦非不是。而極其所至，訓詁小學日明，經學大義日晦。精熟說文、爾雅，豈遂通得語孟義理！

竊謂今日治史要端，厥當先從「通史」入門。中國今日尚無一部適合於時代需要之通史，但

一三八

以研讀通史之方法治史，爲又一事。此兩事雖屬相關，然無第一事仍不妨其可有第二事。

竊謂治史者當先務大體，先注意於全時期之各方面，而不必爲某一時期某些特項問題而耗盡全部之精力，以偏見概全史。當於全史之各方面，從大體上融會貫通，然後其所見之系統，乃爲較近實際。其所持之見解，乃得較符真實。而其對於史料之搜羅與考訂，亦有規轍，不致如遊魂之無歸。治古史本求通今，苟能於史乘有通識，始能對當身時務有貢獻；如是乃爲史學之真貢獻。不致將史學埋沒於故紙簏中，而亦不致僅爲一時之政客名流宣傳意見之利用品。

（民國二十五年十一月中央日報文史副刊讀史隨筆之一）

二

治史者先橫梗一理論於胸中，其弊至於認空論爲實事，而轉輕實事爲虛文。近人每犯此病。史蹟浩繁，或與自己所抱理論渺不相關，或扞格不入；不悟所抱理論不能涵括史實，而轉疑史籍別有用意。循至於前代史實，毫不研尋。自抱理論，永此堅持。當知治史先重事實，事實未瞭，而先有一番理論條貫，豈得有當？

昔人治史，先從一方面再轉別方面，久之各方面俱到。今治國史，宜能於政治制度上，或於食貨經濟上，先事尋求。事實可以範圍理論，而理論不足以改變事實。超越事實空言理論，則理

論盡可有千百樣不同，而事實則只此事實。此乃所謂歷史。雖千頭萬緒，不勝浩繁，須虛心耐煩以求認識。

認識事實亦非易。人事繁賾，複雜萬狀，其相互間，輕重大小，先後緩急，至不易辨。處世閱歷，只是其中之一部分。治史者貴能上下古今識其全部，超越時代束縛。故首當虛心耐煩，先精熟一時代之專史，乃能深悉人事繁賾之一般。而對於各方面事態之互相牽涉影響，及其輕重大小，先後緩急之間，亦漸次呈露。如是，其心智始可漸達於深細邃密、廣大通明之一境。然後再以通治各史，自知有所別擇。然後庶幾可以會通條理而無大謬。能治通史，再成專家，庶可無偏礙不通之弊。

三

近人治史，每易犯一謬見。若謂中國史自秦以下，即呈停頓狀態，無進步可說。此由誤用西人治史之眼光來治中史，纔成此病。

今試設譬，有兩運動家，一擅網球，一精足球。若爲此兩人作年譜，乃專事鈔襲網球家定稿來爲足球家作譜，豈得有當？近人治中國史，正多抱此意見。若謂中國惟先秦一段尚見光彩，此

（民國二十五年十二月中央日報文史副刊讀史隨筆之二）

下即漸入歧途。惟洗伐淨盡，掃地赤立，另起場面，庶可趕上他人。是不啻以網球家成格來批評足球家，寧得有當？

中國史與西洋史精神上之差異，至少尚遠過於足球家與網球家與美術家之別。今治西洋史，以其走上近代化的步驟，如十字軍戰爭、文藝復興、宗教改革、海外殖民地之尋覓、法國大革命、機械工業驟起、社會主義種種，來看中國史，則中國史殆如半死不活，絕無生命可言。惟春秋戰國時代，尚有封建貴族、宗教神權等等，幾分近似西洋史處。今完全以西洋目光治中國史，則自秦以下宜爲一個長期停頓之狀態。

中國新史學之成立，端在以中國人的眼光，來發現中國史自身內在之精神，而認識其已往之進程與動向。中國民族與中國文化最近將來應有之努力與其前途，庶亦可有幾分窺測。否則捨已之田而耘人之田，究亦何當於中國之史學！

（民國二十五年十二月中央日報文史副刊讀史隨筆之三）

四

中國爲世界上歷史最完備之國家，此盡人知之。論其特點：

一、緜歷悠久，繼承因襲永無間斷。

略論治史方法

一四一

二、史體詳備，各種史料均得收容。

三、包括地區之廣，與其活動民族分量之多，益形成中國史之繁富。並世各民族，莫能與比。

我民族文化之惟一足以自驕者，正在其歷史。足以證明吾民族文化之深厚與偉大，而可以推想吾民族前途之無限。

然而一往不變者，乃歷史之「事實」。與時俱新者，則歷史之「知識」。中國歷古相傳之史籍，亦僅為一種積存的歷史材料，並非即我儕今日所需之歷史知識。所謂歷史知識，貴能「鑒古知今」，使其與現代種種問題有其親切相聯之關係，從而指導吾人向前，以一種較明白之步驟。此等歷史知識，隨時代之變遷而與化俱新；固不能脫離已往之史料，惟當在舊存之史料中耐心檢覓。

今日中國處極大之變動時代，需要新的歷史知識為尤亟。凡昔人所寶貴獲得之知識，吾人或嫌不切當前需要；而我人之所欲探索尋求者，昔人或未必注意及之。故中國雖為歷史最完備之國家，卻為最缺乏歷史知識，同時最需要整理以往歷史之時期。時時從舊史裏創寫新史，以供給新時代之需要，此不僅今日為然。即在已往，其歷史雖一成不變，而無害新史之不斷創寫。舉其最著者，尚書為吾國最初之史書，而書缺有間，蓋中國文化

尚未到達需要編年史之程度。及春秋，爲中國最初之編年史，左傳尤爲編年史之進步，然而猶未達以人物爲歷史中心之階段。司馬遷史記出，始以人物爲中心，其時人物個性之活動，已漸漸擺脫封建時代、宗法社會團體性之束縛而見其重要，故寫史者乃不得不創造新體以爲適應。班氏漢書，則爲斷代史之開始。乃中央統一政府漸臻穩固後，一種新要求。自此遂形成中國列代之所謂「正史」。而創寫新史之要求，則繼續無輟。尤著者，如唐代杜氏通典；此爲「政書」之創作，乃一種以制度爲中心之新歷史。繼此如宋代司馬光之通鑑，爲編年的新通史。又有各史紀事本末，爲事件中心的新史之再興。鄭樵通志，尤爲體大思精，求有以通天人之際，藏往開來，而非前史體例之所能限。然則中國已往舊史，亦不斷在改寫中。而今日則爲中國有史以來所未有之遽變時代，其需要新史之創寫則尤亟。

竊謂今日當有一部理想之中國通史，供給一般治中國政治、社會、文化、思想種種問題者一種共同必要的知識。不甯惟是，實爲中國國民，其知識地位比較在水平線上，與社會各界比較處於上層地位者，一種必要之知識。人類必由認識而後瞭解，亦必由瞭解，而後發生深厚之感情。今使全國各知識界，乃至各界領袖分子，於其本國已往之文化與歷史，全不認識，試問何從而生瞭解？既不瞭解，更何從而有感情？然則其對於本國民族與文化傳統之愛護，何能望其深切而真摯？今使全國各界之領袖人物，對其本國民族與文化，俱無深切真摯之愛情，試問其可有之危險

為何如？然而此非欲錮蔽全國人之心思氣力以埋頭於二十四史、九通，為舊史料之記誦。亦只謂其本國歷史的知識，為其國領導分子、知識分子所應有的知識而已。至於此種知識之提供，則尚有待於今日本國史學界之努力。此則需有新史學之創建。

所謂新史學之創建，此亦殊難一辭而盡。要言之，此當為一種極艱鉅的工作。應扼要而簡單，應有一貫的系統，而自能照映我國家現代種種複雜難解之問題。尤要者，應自有其客觀的獨立性，而勿徒為政客名流一種隨宜宣傳或辯護之工具。要能發揮中國民族文化已往之真面目與真精神，闡明其文化經歷之真過程，以期解釋現在，指示將來。

有志為此種探討，其中心注意點，如歷代之政治制度、人物思想、社會經濟，將以何者為研尋國史新知識之基本要點？此亦難言。中國新史學家之責任，首在能指出中國歷史以往之動態，即其民族文化精神之表現。此在能從連續不斷的歷史狀態中劃分時代，從而指出其各時代之特徵；即此一時代與前一時代及後一時代不同之所在，亦即各時代相互之異同。從此乃見其整個的動態。如某一時代特異之狀態在經濟，則此項經濟即為該一時代之特徵。或在政治制度，或在學術、思想、宗教、風俗，諸端皆然。

經濟情形未嘗非歷史事項中樞重要之一端，然若某一民族之歷史，其各時代之變動不在經濟而別有所在，則治此民族之歷史者，自不得專據經濟一項為惟一之著眼點；此理甚顯。中國自秦

以來，直迄最近，苟自社會經濟一端言，要之在農業經濟之狀況下。若遂據此而輕率斷定中國文化自秦以來即少進步，自屬偏見。治國史者，苟專在農業經濟方面從事探討，無怪其謂中國民族絕少進步。因各時代狀況略相同，無從尋得其進步之所在。然若真能為客觀合科學的新史家，必從識得中國史之變動何在始。中國史之變動，即中國史之精神所在。近人誤認為中國史自秦以下即絕少變動，其實皆由未嘗深究國史之內容，而輕率立言之故。變動何在？當詳他篇。此不具論。

（民國二十六年一月《中央日報文史副刊十期，原題論近代中國新史學之創造》）

如何研究中國史

一

因對中國史的觀點不同，而所謂「如何研究中國史」的見解亦復相異。余意研究中國史的第一立場，應在中國史的自身內裏去找求；不應站在別一個立場，來衡量中國史。

說一淺譬：如有一網球家與足球家，兩人興趣不同，成績亦殊。今爲網球家作傳，自應著眼於其網球技術之進展上；而與爲足球家作傳的應有節目，斷難肖似。近人好以西洋史學家講論西洋史的節目來移用到中國史上，則殆如以足球家傳中之節目移用於網球家。

所謂從中國史自身內裏求求者，今請先設一極似空洞而實爲客觀的目標，即研究中國史應先注意到中國史在那幾方面是變動了。所謂變動，即是歷史上劃時代的特性，前一時代與後一時代絕然相異處。從此等相異處可以看出歷史之變態與動向，再從此等變態動向裏論求其係進步抑退步。余意如此研究，乍看雖似空洞，結果必較合客觀之真相。故我謂研究中國史，應在中國史的自身內裏找求，更應在中國史前後的變動處找求。

二

若從上述意見，我覺中國史之進步，似乎不重在社會經濟方面，而重在其「政治制度」方面。若論經濟狀態，中國社會似乎大體上是停滯在農業自給的情況之下。由秦漢直到最近，二千多年，只有一治一亂，治則家給人足，亂則民窮財盡，老走一循環的路子，看不出中國史在此方面有幾多絕可注意之變動與進步。然從政治制度方面看，則實在有其層累的演進。

三

中國史政治制度上的演進，由余意看之，約略可分爲三階段：

一、由封建到統一。

二、由軍人政府到士人政府。

三、由士族門第到科舉競選。

秦漢統一，是中國史上第一大進步。自此以下，直至今茲，統一是中國史的常態，分裂和割據是中國史的變態。近人常好說中國至今還未脫「封建社會」的性質。此種理論和看法，只好說是西洋史學家的理論和看法。中國史學家向來只認秦漢以前爲封建時代。統一政府的產生，便是

諸侯封建之消滅。自政治組織上看，實是中國史上一極大轉變，亦可說是中國史上一絕大進步。

西周以來，依照宗法血統而爲封建，那時社會顯分兩階級：一貴族，一平民。然其界線至戰國即漸趨毀滅。秦人尚首功，其實當時東方各國亦有此制，軍人躍起而爲新貴。至漢代定制，「非劉氏不得王，非有功不得侯」。而所謂「有功」者，大體只是軍功。故漢初政府，一面固可說是「軍人政府」，照慣例非封侯階級不能擔當。故漢初政府，一面固可說是「軍人政府」。直到漢武帝用董仲舒、公孫弘，設立五經博士，又爲博士置弟子員，每年考課，得補郎吏，又定地方守相逐年察舉屬吏之制度，而公孫弘徑以士人爲丞相封侯，打破漢代以前非封侯不拜相、非立軍功不封侯之慣例。此爲漢代政制上一大轉變。直至漢宣以下，朝廷大臣，幾乎全屬儒生，非通經即不能拜相，即拜相亦不安其位而即去；軍人政府漸漸轉移爲「士人政府」。從此以下，組織中國政府之主要分子，即以屬於士人者爲常態，以屬於軍人者爲變態。至以宗族組織政府如西周封建制度者，則再難出現。此可謂是中國史上之第二大轉變，亦不防謂是中國史上之第二大進步。

東漢以下，士人逐漸得勢，以累世之傳經而變爲累世之公卿，遂漸次造成一種新階級，即歷史上所謂「門閥」是也。門閥在政治上之地位，雖不能父子世襲，而跡近父子世襲；政治地位落到幾乎限定的幾個氏族手裏，幾乎可以說是古代貴族之變相的復活。然而其勢並不久，隋唐以

下，遂變爲公開競選之考試制度。此種制度，雖歷代均有改進，而大體未變，直至清末，有千年以上的歷史。由士族門第轉到科舉競選，可以說是中國史上之第三大轉變，亦可說是中國史上之第三大進步。

四

何以上述三種轉變，我要說他爲三種進步呢？因爲此種轉變，實在不能不說是一種合理的轉變。合理的轉變，自可稱之謂進步。何以稱其爲合理的轉變？我認爲由此三步之轉變，可以看出中國史上一種共有之趨向，即可說是中國史上一種不斷的進步。其趨向是何？簡言之曰：「王室與政府逐步分離」，「平民與政府逐步接近」。請先論王室與政府關係之轉變。

五

西周封建，宗廟血統的親疏，即是政府官位的高下。那時「王室」與「政府」，可謂二而一，一而二，朕即國家，殆無分別；整個天下便是姬姓、姜姓的天下。秦始皇雖說統一中國，然而宰相以下與嬴姓家庭即無關係。秦始皇確是中國有史以來第一個大皇帝，但秦始皇的家族，較之周武王、周成王的家族，在政治上的地位相去遠了。何者？武王成王的子弟莫不分土封國，

秦則除皇帝外其家屬無異於庶人。秦始皇得天下後，本來多靠東方游士的力量；秦始皇得天下後，至多亦只能奪下呂不韋的政權交付與李斯等手裏，不能徑把天下諸一家。漢承秦弊，「封建」與「郡縣」並行，非劉氏不得王，非有功不得侯，姓劉的政權與附會姓劉的一輩軍人朋分。然而不久同姓王繼異姓王而盡，封侯世襲的功臣，在政治上的地位也逐漸低落。到漢武帝以後，便漸漸有一個政府的勢力，常和王室抗衡。當時的所謂「內朝」與「外朝」，即是從這個局勢下產生。東漢的外戚和宦官，只是代表王室勢力之一面；名士黨人，則是代表另一個勢力，而在政府裏逐漸得勢。東漢末年，可以說是王室勢力一落千丈，士族門第則從東漢的名士和黨人的集團裏培養出來。所以魏晉南北朝，外戚宦官不再當路；王朝雖屢屢變換，政府還可一線相承。從這一點看，魏晉南北朝在大體上還是走在「王室」和「政府」逐漸分離的路上。隋唐以下，政府和王室之界線益見清明。除皇帝外，皇帝的家屬及其私人，照例在政府的組織上並不能有任何地位和特權。所以隋唐以下，公開考試，士人以白衣爲公卿，並無門第大族；而王室之權，轉變較古代爲減削。這不能不說是政治組織上的進步。

以上說的是王室與政府逐漸分離的一點。下面再說平民與政府逐漸接近之一點。

六

照理，中國史自秦漢以下，變成一個極大的統一政府，和以前小國寡民列士分封時不同，人民的地位應該和政府格外隔離了。而實際卻不然。秦漢以下，平民參政的門路逐次開展，平民參政的權益逐次確定。自兩漢的「察舉」制到魏晉的「九品中正」，自魏晉的「九品中正」制到隋唐以下的「進士科舉」，總之是平民參政的機會逐漸加增與擴大，普遍到全國各地。在一個公開的規制之下，合標準的即可加入政府爲其一員；而王室家族及其私人，轉有種種限制，使其不能在政府裏得到勢力和權位。不注意到這一層，即絕對不能瞭解中國史。

七

讓我們再從此推開一步，看一看中國史上的農民商人和兵士。

春秋封建時代，貴族武裝起來，農民則受其統治。到戰國，貴族階級墮落，武裝漸漸懈馳，而農民卻漸漸地因貴族的需要而武裝起來，又因軍功而走上政治的高層。直到秦漢，兵役依然爲農民所人人不可避免的一件事。然而農民亦只有從軍始有走上政治層的希望。及武帝改制以後，政制逐漸轉變，農民和兵役亦漸次分離。從唐代的「府兵制」直至宋代的「雇兵制」，當兵漸漸成爲一種志願的職業，而與農民分離。農民可以畢生乃至累代不見兵革，隨其一家生計狀態之上昇，而漸漸學習文學，參加考試，以圖上進。

至於商人，因中國地大物博，得天獨厚，自秦漢以下，既走上統一的路，國外貿易幾乎不感需要。至於國內，則因政制的關係，所謂「遺金滿籯，不如傳子一經」，自東漢時已然。理想的政治，始終是所謂「不患寡而患不均」，所以重農抑商。商人受到種種限制，只要稍有生計，自然而然的走上文學經書的路上去。

故史記漢書裏記下的貨殖、游俠諸色人物，漸漸在社會裏融化而全變成儒林、文苑、獨行、隱逸諸門。社會上的心思氣力，大部分不去用在經商和從軍上，而只用來講究經義文學。這其間，政治與社會互為影響，因中國之環境，而漸次造成中國的社會政治和歷史文化之傳統之特殊性。

八

我上面所講，雖嫌空洞，而大體已指出中國史之特徵。所以中國從來雖無近代的交通，嚴明的法律，龐大的軍隊，與夫一種特殊階級的勢力；而自秦漢以下，居然能統治這樣大的土地，這樣多的人口，而不斷地擴大，與永久的緜延。

若使中國社會不受別一種文化的侵迫，中國社會自身仍自有其進境，其趨向則大體如上述，王室與政府逐漸脫離，平民與政治逐漸接近；不講富強而惟求和平，於文學、哲學、藝術、倫理

諸方面亦追隨前進，而中國民族逐次擴大。四圍的民族，只要能接受中國這一套文化的，自然也能走上中國民族所走的路子而與中國民族相安於無事，如朝鮮、安南等即其明例。

所以看中國史，並沒有如西洋史一般如火如荼的宗教戰爭，掠奪海外殖民地的戰爭，革命大流血，階級鬥爭等等，而自有其生命與進程。並非二千年如睡獅，只在朦朧打瞌睡。

九

我根據上述意見，希望有志研究中國史的，多注意於其歷代政制的演變上。但我們要研究政治制度，不可不連帶注意到其背後的政治理想；我們要研究某一時代的政治理想，又不得不牽連注意到其時一般學術思想之大體。所以我希望有志研究中國史的，應多注意於中國歷代學術思想之演變。與制度、學術有關係的，我又希望能多注意於歷代人物的活動。「學術」「制度」「人物」三者相互為用，可以支配一時代的歷史。

一○

治史雖在「知往」，然真能知往，自能「察來」。中國的前途，在我理想上，應該在中國史的演進的自身過程中自己得救。我不能信「全盤西化」的話，因為中國的生命不能全部脫離已往

的歷史而徹底更生。我認爲照上面所述，中國最近將來，其果能得救與否，責任仍是在一輩社會的中層知識分子，即是歷史上一脈相傳的所謂「士人」身上。中國的將來，要望他們先覺醒，能負責，慢慢喚起民眾。所謂「全民政權」與「階級鬥爭」等等的話，似乎與已往歷史及現在實況相去皆遠。只因滿清末年行省督撫擅權的局面不能革除，直至今日，中央統一的政權還未鞏固。只因八股的病害而把推行一千年來的考試制度一手勾消，遂使近二十年來政府用人絕無客觀的標準。如此之類，只求中國政治能改革近代之實病而走上軌道，則科學建設自有希望，到其時中國自有出路。乃知中國已往文化，並不是全部要不得，並不是定要全部毀滅已往文化始得更生。

（民國二十六年二月北京師範大學歷史教育季刊第一期，三十六年八月昆明中央日報重刊。）

歷史與教育

一

中國現在的教育，似乎只有留學教育而無國家教育。

何以言之？小學的責任在教學生升中學，中學的責任在教學生升大學。大學畢業以後，苟非公私經濟所限，照現況論，該像是要全部出洋留學的。國家教育的最高責任，早就付託在外國。全國青年的最高希望，亦是歸宿於外國。故說中國只有留學教育無國家教育。

中國現在的教育，又似乎只有技術教育而無國民教育。

何以言之？全國各級學校課程重心，以及公私主持教育者的眼光與理論，所謂提倡實業科學、限制文法科等，全像教育的最高目的，即在授學生以一種職業上的技術。至於其人除卻職業以外，在社會之活動與其對國家之貢獻，則學校教育並不看重。

上述兩點，匯爲一趨，正是中國現教育界之趨勢。所以各級學校課程，第一是外國語，第二是數理。學生精力，大抵全耗於此。對於本國文字，則力求其通俗淺易。而本國歷史，則在中國

現教育界絕無地位。

任何一個國家的國民，對其本國歷史的智識，絕對需要而有用。尤其是所謂智識份子，在社會各界為中心領導的人物，對其本國歷史，更不該茫無所知。所以一個國家真有教育，真有陶冶公民的教育，無論如何，本國史須是極端重要的。不幸而中國的現教育，只求能升學乃至留學，以習得一門技術為主；於是而本國史之在各級學校裏，遂至絕不佔到教育意義上的地位。我想中國學校裏，所以還有「中國史」一科目，或許因世界各國現行教育制度全有「本國史」一科目之故；並不是中國的教育界確知道本國史在教育上的真實地位及其使命。

中國人研究中國史，尤其是中國國家教育其國民的「本國史」科目，其態度和意味，應該與外國人眼光中的中國史，以及外國學校裏講述到的中國史，絕對不同。此所謂不同者，並非抹殺歷史事實，或偽造歷史事實之謂。而是歷史事實上之輕重、先後、大小、緩急之分。尤其是映照在事實上的一點感情之有無或向背之分。現在中國教育界對其本國史，正可謂無情感，甚至抱有一種相反的惡情感。其對本國史的態度，不幸而令人疑其像是一個外國人。這正是現中國人所極端崇拜的所謂「客觀主義」而並不像是一個中國人在指導其本國青年所應具的本國史智識。

二

這一種風氣，並不能全怪教育界。讓我們再看一看中國現史學界之狀況。約略言之，中國現

史學界可分爲三大派：

第一派：是「文化的自譴主義者」。

他們以爲中國文化百不如人，甚至謂中國史上只有太監、小腳、鴉片烟、八股文；直到最近

纔開中國史空前未有之進步。從這一派人看來，中國史根本無教育上之價值。即使有，只在消極

方面，叫人知中國以往不過如此，叫我們不要自尊自大，該努力學人。然而試問中國史實況是否

如此？現中國的不如人，不能牽連埋怨中國史。中國史之悠久及其偉大，（指包含廣土眾民而言）

任何別一國歷史全比不上。這正是中國已往文化有價值之鐵證。把中國與西洋史劃分時代作

比，中國史勝過西洋史的時期多，不如西洋史的時期少。不如西洋只在近代。近代的西洋人不知

中國史，可以說中國只有太監、小腳、鴉片烟、八股文；中國的知識份子，文化的領導者，不該

如此說。這一種文化自譴，並不能教人奮發向上，只能教人輕薄狂妄。

第二派：是「瑣碎的考訂主義者」。

他們一方面模倣西洋史學界之所謂「考古學」與「東方學」的研究。西洋人把這種方法和態

度來研究巴比倫、埃及，中國人則用此等方法和態度來研究自己。再一面是取法前清乾嘉時代的

經學家。他們在異族統治下，文字獄連續不斷的威嚇之下，而逃避現實，做一種隔離時代的瑣碎

的考訂。用此種方法和態度，並不能通經學，更何論於史學！其與教育意義不相干，更不待言。

第三派：是最後起的「唯物的社會主義者」。

這一派亦源自西洋。他們無寧是看重社會和經濟，更過於國家與民族。故他們討論歷史，每每忽略了民族與國家間的差異，而專注意到社會和經濟的階層。這一派的歷史觀，根本無所謂本國與外國。其無當國民教育之旨，亦可不論。

上述三派史學，運用恰如其分，對歷史之認識上未嘗不各有其貢獻；然希望其兼顧到國家教育的責任，則殊非所堪。若運用不知分際，過於張皇，則既不能得國史之真態，而流弊有不勝言。不幸而最近的史學界只爲此三派包舉，又多運用過分。因此國史真相長於暗昧，而「本國史」在教育上的職責，固難勝任。教育界的眼光，既看不起所謂「本國史」；史學界的風氣，亦顧不到所謂教育的意味。兩者湊合，遂成今日國內各級學校之歷史教育。

要改變這種趨勢，一面要國內教育界對於國家教育國民之根本旨趣之認識，另一面要國內史學界對於本國史意態之轉變，與理論及方法之更新。此事恐非一蹴可幾。然誠使人人知有此一段意義，則風氣轉移，亦非其難之事。

中國歷史研究法

一五八

三

今試進而一論本國史在教育意義上之使命，及所謂具有教育意義的本國史，其內容大體該若何？

請先言其前者。余意其國家或民族，若根本無文化可言則已，否則國史之教育意義，應該首先使其國民認識本國已往歷史之真價值，而啟發其具有文化意味的愛國精神，同時培養其深厚的奮發復興之想像與抱負。

中國歷史決非無文化，而中國文化決非無價值。此層有待於深細發揮，驟難詳說。惟本國人對本國史，應有一種相當的「情感」與「敬意」，則實為必爭之事理，且亦為共明之事理。我們固不願對國史多所曲解或粉飾，然亦不願對國史盡只有輕薄與誣蔑。一個國民對其國史，應先付以相當之親情，如此可獲懇切之瞭解；此為負有歷史教育之責者所首當肯認之事理。換辭言之，即國史教育之責任，至少當使國民對其本國史具一種「溫情」及「善意」之看法與理解。此實為具有教育的國民所應有之態度。惜乎上述三種史學風氣，均不能達到此境界，而往往與之背道而馳。我們要希望產生有教育意味的國史教學，我們要使國民對國史能發生一種相當的溫情與善意，固在發揮國史真價值真精神，與人以共見。而茲事體大，非此篇所能論及，姑卑之毋甚高論。

余意國史教育之第一個條件，應該使本國史包涵多分的鮮明而活潑的「人事」的成分。換言

之，即使本國史脫離目前主觀的意見與瑣碎的考訂，而先恢復到注意具體事情之大體上來。

歷史本是人事之記載，不過人事記載之无複雜者而已。捨人事記載以後發生的某種見解。故鮮明與活潑的人事記載愈少，即是距離歷史真相愈遠。從人事記載裏，可以探討其文化之價值，與剖辨其社會之形態等等。然此不過知道人事記載以後發生的某種見解。見解可以萬不同，而見解所從發生的人事根本則祇一無二。捨去祇一無二的人事，憑空討論可以萬不同的見解，到底成爲戲論。所以即使不論教育意義，而純粹爲歷史之探究，亦只有先注意其人事的部分。

就人事部分而論，「人物」自爲其重要之一端。人物即是有力推動人事的，而人事隨著人物轉移。任何一個時代，任何一種社會，不能否認人物之重要性。讀史而不注重人物，斷難把握社會的重心。注重人物，應該能識別其「賢奸」「智愚」。人物的賢奸智愚，影響到人事之成敗利害。任何一個時期人事的最後責任，即屬於其時代之人物；人物應切實負人事之重責。當知東方文化亦足自存，封建社會亦可圖強，只有全國人的思想上，沒有辨別賢奸智愚的習慣，不能痛切感覺個人對國家社會應有之責任，則是一個不可救藥的死症。

我勸讀歷史的，且勿先討論中西文化；且勿先分析封建社會與工商社會；且勿先將中國當前種種病痛一筆推卸於古人；且虛心將中國歷史上人物，與自身及目前人作一對比。我勸教歷史的，且不要教學者高坐堂皇，而批斥古人之是非；且虛心認識一點古人之勝過我們處。這是我們當前

一六〇

的歷史教育至少應取的態度。

四

讓我借此叙說兩件小事。三年前我曾在一個初中學生書架上，抽到一本上海某書肆所印的一種日記簿，似名「文學日記」。翻開第一頁，即是二十或三十位文學名家的照相。這二十或三十位文學家，卻全是外國的，中國絕無一人。中西文學的比較我不敢說，我只想一個中學生，似乎不應該能知道此二三十位的外國學者。即使知道其名字，亦無從瞭解其作品之內容與意義。若使中國的中學生居然真能知道此許多的外國學者，而並能瞭解其作品之內容與大義，我想也不能說是中國社會之合理的或光榮的進步。此書既名「文學日記」，而網羅了幾十位外國學者，絕無一中國人，是不是說中國絕無文學？抑是說中國人此時絕不該研究中國文學？或大家全該研究外國文學？書肆並無主見，只是趨風氣，學時髦，揣摩心理。一個初中學生，他看見三十個外國人的相片，他雖不知底細，然而他總覺得這是表示時代的，合理而光榮的。至少在他並不感到討厭。若日記開首即印上中國三十位古人的畫像，任何一位中國的中學生，恐不免要起反感，覺得案頭擺上此書是太腐舊了。那許多人，他亦不知底細，然而至少他覺不得任何好感。中國的青年，向他說起孔子，他會提出論語上的「惟女子與小人爲難養也」等話來質問你。向他提起秦始皇，他

會罵一聲「專制魔王」。向他說柏拉圖、亞力山大，他或不致向你反對。我想任何一書，若先排印上中國三十位歷史上的人物，恐不易打動青年的心坎。書肆何知，牟利而已。然而負教育本國青年之責者，對此種心理該作何感想？

某年暑假，北大新生入學考試，歷史試題問及蔡京。我所閱各卷，答蔡京為北宋有名書家的可十之七，知道蔡京在北宋政治上關係的不到十之三。我想此事很可看出中國現代歷史教育之趨勢。前人讀史，於人物賢奸、國家興亡，無不注意。或許近人治史，好言文化及經濟等項，對於人物賢奸，政治隆污，不暇深論。至於國家興亡，或許認為帝王家事而忽略了。我又想中學的歷史教本裏，定有一課特講北宋藝術等而涉及蔡京能書，故一課特講北宋藝術等而涉及蔡京能書，故一般中學畢業生，不知道蔡京是北宋政治上的罪人，而說他為書法家。此等好像小事。然而試問：若將來中國的青年，只知今日的鄭孝胥是一個書法家或詩人，而不知其在滿洲國做些什麼勾當；或是我們將來中國的教育，只教育青年知道鄭蘇戡是一位民國的詩人或書法家，而不向他們講他在東三省的一段醜歷史；試問大家對此感想如何？此等歷史知識要得要不得？此等歷史教育，該當不該當？

上兩例，即小可以見大。現代中國人的腦裏，似乎根本看不起中國史上的人物。既無人物可言，自不必辨賢奸、分智愚了。試問還是中國史上真無人物？還是現代中國人歷史見解與歷史教育之偏頗？此等偏頗的見解與教育，對於新中國人物之產生，試問有何影響？固然歷史並不全是

人物故事，然並人物故事而不知，還講什麼歷史呢？

讀史若注意到人物，素常便不能不注意古人的文字。不能欣賞司馬遷史記的文學，亦絕不能瞭解史記所描寫的人物。不能讀出師表、歸去來辭，亦無從明白諸葛孔明、陶淵明的胸襟與人格。

而要注意歷史上的人物，又不能不體會歷史上的環境。今人讀史，好以我見蔑古，如坐堂上判堂下罪人之曲直，惟我意之所向。古人不復生，將奈我何。即據最近史事言，石達開、李秀成乃革命之先覺，曾國藩、胡林翼爲異族之走狗。石達開的幾首詩，李秀成的一篇供狀，可以鄭重而道；曾胡的言論行事，可以懵無所知。以此等態度治史，自然傲視千古，更何所謂溫情與善意耶？

治史塗轍，千蹊萬徑，本非一格可限，我之所論，特就教育意味而言。然恐迂拘頑固，將爲時賢嗤笑。然以中心誠見其如此，故聊復言之。適因匆遽，行文未能精潔。然讀者循覽一過，當可得其大意

（民國二十六年五月北京師範大學歷史教育季刊第二期，三十六年七月昆明中央日報重刊。）

歷史教育幾點流行的誤解

近讀史地教育委員會二次會議參考材料第一號，二十七年八月總裁訓詞革命的教育，深受感動。我們只須真實認識，真實推動，更不必再多說話。

總裁訓詞裏說：「我們今後教育目的，要造就實實在在能承擔建設國家、復興民族責任的人才。而此項人才，簡單說一句，先要造就他們成為一個真正的中國人。」這是一個萬分痛切的教訓。要做一個真正的中國人，我想惟一的起碼條件，他應該誠心愛護中國。這不是空空洞洞的愛，他應該對中國國家民族傳統精神、傳統文化有所認識瞭解。譬如兒子愛父母，必先對其父母認識瞭解。這便是史地教育最大的任務。

一部二十四史從何說起。國史浩繁，從前人早已深感其苦。何況我們身當革命的大時代，在一切重新估價的呼聲之下，更覺國史傳統之不易把捉。但是愈是新的改進，卻愈感得國史需要舊的認識。過去和現在，絕不能判然劃分。因此在我們愈覺得國史難理的時候，卻愈感得國史待理之必要。我常細聽和細讀近人的言論和文字，凡是主張有關改革現實的，幾乎無一不牽涉到歷史問題上去。這已充分證明了新的改進不能不有舊的認識。只可惜他們所牽涉到歷史問題，又幾乎無一

不陷於空洞淺薄乃至於見解荒謬。這是事實。我們這一時代，是極需要歷史知識的時代，而又不幸是極缺乏歷史知識的時代。

讓我略舉數例以資說明。我常聽人說：中國自秦以來二千年的政體是一個「君主專制」黑暗的政體。這明明是一句歷史的敘述，但卻絕不是歷史的真相。中國自秦以下二千年，只可說是一個君主一統的政府，卻絕不能說是君主專制。就政府組織、政權分配的大體上說，只有明太祖廢止宰相以下，最近明清兩代六百年，似乎迹近君主專制，但尚絕對說不上黑暗。人才的選拔，官吏的升降，刑罰的處決，賦稅的徵收，依然都有傳統客觀的規定，絕非帝王私意所能輕易搖動。如此般的政體，豈可斷言其是君主專制？

只緣清末人，熟於西洋十八世紀時代如法人孟德斯鳩輩的政論，他們以爲國體有君主、民主之分，政體有專制、立憲之別。中國有君主而無國會、無憲法，便認是君主專制。不知中國政體，如尚書禮部之科舉與吏部之詮選，已奠定了政府組織的基礎；不必有國會而政權自有寄託。如有名的唐六典，大體爲宋代以來所依照，極精密極完整的政權分配，使全個政府的行政機關各有依循；便不必有憲法而政權自有限節。而況明代以前，宰相爲行政領袖，與王室儼成敵體。皇帝詔命，非經宰相副署，即不生效。君權、相權有時互爲軒輊，正如法國、美國總統制與內閣之互爲異同。

現在我們一口咬定，說二千年來中國只是一個專制黑暗的政體；我們非得徹底翻新，加以糾正。政治只是社會各項事業中較重要的一項。政治理論全部變了，則牽連而及於社會其他各項事業之理論，亦必隨而變。牽一髮動全局，因而搖動及於全部人生理論、精神教育以至整個文化傳統。試問中國傳統政治及其背後的理論，若要全部翻新，以前種種譬如昨日死，一刀兩截，非不痛快；然而以後種種卻從何產生？於是在革命初期，便已有英國制和美國制的爭論。而隨著上次歐洲大戰後的新變動，國內又產生蘇維埃共產政治與德意獨裁政治的鼓吹與活動。試問一個國家的政治理論及其趨向，是何等有關於全民族的；而把他的重心全部安放在異邦外國人的身旁，這是如何一件可詫異而可驚駭的事！

只有孫總理的三民主義，努力要把中國將來的新政治和已往歷史的舊傳統，連根接脈，視成一體。可惜他的見解，尚不為一般國人所瞭解。一般國人只還是說，中國自秦以下二千年政治，只是專制黑暗。他們像是根據歷史，但他們並不真知歷史。不知乃不愛，但求一變以為快。

再舉一例。我又常聽人說：：中國人二千年來閉關自守，不與外來民族相接觸，因而養成其文化上自傲自大，深閉固拒的態度。這又是一句歷史的敘述，只可惜仍不是歷史的真相。秦以前暫不論，我們再就秦以下言之。自東漢初葉，中經魏晉南北朝，下迄隋唐，大體上超過六百年時期，可說是中國接觸吸收印度佛教文化的時期。印度可說是中國的近西。自隋唐以下迄於宋元，

大體上又有六百年的時期，可說是中國接觸吸收阿剌伯回教文化的時期。阿剌伯、波斯可說是中國的遠西。中國自秦漢以下的一千三四百年間，西北陸路、西南海路的向西交通從未斷絕。中國人何嘗閉關自守？今佛教已爲中華民族所信仰，而回教之在中國，亦得自由傳布。漢、滿、蒙、回、藏，民國以來合稱五族。中華文化吸收印度佛教之影響，人盡皆知。是自唐以下，中華文明所受阿剌伯、波斯回教東來之波動，現在尚需學者詳細闡發。中國人何嘗自傲自大？

六朝、隋唐中國高僧西行求法的熱忱，以及唐以下中國對波斯、大食商人的坦白寬大的態度，只廣州一埠，在唐末便有大食、波斯商人二十萬之譜；而其時大食、波斯商人之足跡已遍布中國。從此便夠證明上述中國人文化自傲對外深閉固拒的評狀，全無根據。此等話，只是近代西洋教士與商人的讕言，並非歷史真相。

西洋中古時期的耶穌教，本已包攬著許多政治社會上的塵世俗務。海通以還的耶教士，更形變質，幾乎成爲帝國主義、資本主義之前呼後擁。他們把在南非與北美的經驗與態度帶到中國。與往古印度高僧純以宗教真理不僅來中國宣傳教理，卻往往干涉中國之內政，激起中國之民變。而西洋商人之牟利政策，如鴉片強賣等，更招中國人之惡感。近世中西交通史上，鴉片戰爭前後，不斷的教案以及連續的強占土地、強索賠款等事項，其是非曲直，大可待有志研究全世界人類文化史而抱有明通觀點者之公平判斷。

中國史上之東西交接，至少已經三期：

第一期：是近西的中印接觸。

第二期：是遠西的中回接觸。

第三期：才是更遠西的中歐接觸。

前兩期各自經歷六七百年的長期間，已見中華民族對外來異文化之一般態度及其成效。現在的中歐接觸，自明末以來，為期只三百年。雖則西洋以其過強之勢力壓迫於我，但我們誠心接納吸收異文化之熱度，仍是與前一般。若以前兩期的成績來推論，再歷三百年，中華民族一定能完成吸收融和我更遠西的歐洲文化。

但是要吸收外面的養料，卻不該先破壞自己的胃口。近代的中國人，也有笑林文忠為頑固糊塗，捧耆善、伊里布等為漂亮識大體的。這無異於站在外國人的立場，代外國人說話。中國人自己不知道中國事，便不愛中國。不知道中國不愛中國的人，如何算得是一個真正的中國人！事實上是一個真正的中國人，而理論上卻又絕不能算他是一個中國人，如此般的人，到處皆是，豈不可痛？豈不可驚？

上述的兩例，一個使中國人感覺中國已往一切要不得；一個使中國人不敢批評外國人一句，不是的只在自己這一邊。這種錯誤觀念，關係何等重大。他們都像是一種歷史敘述，但是絕不是

歷史的真相。無意中已把中國人立足所在的重心，遷移依靠在非中國人的腳邊。這樣將使中國人永遠不能自立。

現在請再舉一個更明顯的例，而又是有關於地理問題的。遼河流域在中國史上深遠的關係，早已發生在秦漢之前。直到明代，建州衛特起，只是吉林長白山外一小部落。遼河兩岸，全屬明代疆土。滿清入關，包藏禍心，不許漢人出山海關，要把關外作他的退步。但是那時只稱遼、吉、黑作關東三省，絕不叫他是滿洲。日本人又進一步，把清代所稱關東三省徑呼滿洲，又常以滿鮮、滿蒙並稱。中國人不知其用意，自己亦稱關東三省作滿洲。直到偽滿洲國成立，世界上不瞭解真相的人，還以爲滿洲人在其本土滿洲自立一國。這是外國人冤枉中國、歪曲中國歷史來欺侮中國人之一例。

我們並不想歪曲自己的歷史，來利用作一時的宣傳。但是我們應該澄清當前流行的一套空洞淺薄乃至於荒謬的一切歷史敘述。我們應該設法叫我們中國人知道真正的中國史，好讓他們由真正的知識，而發生真正的情感。這樣才配算是一個真正的中國人。這一個責任，自然要落在史地教育者的身上。

現在再說到中國傳統文化之價值問題。這本可不證自明的。中國文化是世界上緜延最久、展擴最廣的文化，只以五千年來不斷緜延不斷展擴之歷史事實，便足證明中國文化優異之價值。近

百年來的中國，不幸而走上一段病態的階段。這本是任何民族文化展演中所難免的一種頓挫。又不幸而中國史上之一段頓挫時期，卻正與歐美人的一段極盛時期遭逢而平行。國內一般智識分子，激起愛國憂國的熱忱，震驚於西洋勢力之咄咄可畏，不免而對其本國傳統文化發生懷疑，乃至於輕蔑，而漸及於詛罵。因此而種種空洞淺薄乃至於荒謬的國史觀念，不脛而走，深入人心。

然而此種現象，亦依然還是一時的病態，並沒有搖動到中國傳統文化之根柢。只看此次全國抗戰精神之所表現，便是其明證。試問若非我民族傳統文化蘊蓄深厚，我們更用何種力量團結此四萬萬五千萬民眾，對此強寇作殊死的抵抗？

當知無文化便無歷史，無歷史便無民族，無民族便無力量，無力量便無存在。所謂民族爭存，底裏便是一種文化爭存。所謂民族力量，底裏便是一種文化力量。若使我們空喊一個民族，而不知道做民族生命淵源根柢的文化，則皮之不存，毛將焉附。目前的抗戰，便是我民族文化的潛力依然旺盛的表現。此在一輩知識分子，雖有菲薄民族文化乃至於加以唾棄的；而在全國廣大民眾，則依然沉浸在傳統文化的大洪流裏，所以寧出於九死一生之途以為保護。

由此言之，今日史地教育更重要的責任，卻不盡在於國史知識之推廣與普及，而尤要的則更在於國史知識之提高與加深。易辭言之，不在於依然知道愛好國家民族的民眾作宣傳，而在於對近百年來知識界一般空洞淺薄乃至於荒謬的國史觀念作糾彈。更要的，尤在於對全國民眾依然

寢饋於斯的傳統文化，能重新加以一番新認識與新發揮。在此革命建國時代，又值全世界大動搖之際，若非將我民族傳統文化作更深的研尋與更高的提倡，而仍是空洞淺薄或仍不免於荒謬的只求利用歷史來對民眾暫時作一種愛國的宣傳，依然一樣的無濟於事。

說到這裏，史地教育界責任之艱鉅，更可想見。此在全國史地教育界同仁，固當益自奮勵，肩此重擔。而在提倡史地教育的行政長官，以及關心此問題的愛國學人，則希望不斷的給與我們以鼓勵與助力，乃至於給與我們以寬容與期待，莫要把此事業看輕易了。

中國今日所需的新史學與新史學家

一

歷史乃人事之記載，故史學亦爲一種人事之研究。歷史所載人事，雖若限於過去，而按實殊不然。人事必有「持續性」，有持續數年之久者，亦有持續數十年數百年乃至數千年以上者。既有持續，即有變動。當其尚在持續變動之中，即不得遽目之謂過去。且人事惟其有持續，故方其端緒初生，即有可然之將來隨以俱至。嚴格言之，亦不得盡目今日以下者爲未來。請舉實事言之。

當前之對日抗戰，持續已逾五年。然不得謂今日以前五年內事俱屬過去。當知此等事皆尚現在，皆在持續變動中，絕未過去。今日中日戰爭尚未到最後決定之階段，吾儕即絕不當認爲首都已淪陷，平津滬杭武漢廣州已喪失，五年來戰事已失敗。此等雖若過去，而實未過去，實尚現在，而正在不斷演變中。不得遽目今日以前爲過去。而今日以下，亦不得盡謂之未來。因其已有某種「必然性」，雖未來而實已來。吾儕當知，今日以後中日戰事仍必持續一相當年月，決非旬

日間所能解決；此雖至愚者亦知之。未來之事有絕對把握。首都淪陷雖屬過去事，然其事尚在變動中，絕非永成淪陷，則過去事轉無把握。至謂此後半年數月內中日仍必在戰爭局面下相持，則此事絕對真確，亦絕對可信。故知雖爲未來事，而實有極堅強之把握；則不得全認爲未來。

當民二十六年「七七事變」初起，中日雙方稍有識者，均知必演成一長期戰爭，「七七」僅屬此一事件之端緒。今此一事件，早於「七七事變」全身湧現。若謂只「七七」一天乃屬現在，此下即屬未來，即當歸之渺茫不可知之域，其人當爲狂惑之流。

故知就人事論，大體上自有其起迄。自始至終，自有其「必然之持續」與「可能之演變」。惟其有必然之持續，故未來者等於已來。惟其有可能之演變，故已往者實尚未往。換辭言之，過去者尚未去，未來者則已來。就人事言之，必有其時間上之寬度。人事之「現在性」，絕非如普通所想，過去者已過去，未來者尚未來，而現在則在刹那刹那間刻刻轉換，刻刻消失。此等觀念，乃排除一切人事，冥坐觀心；或排除一切人事，凝神注視時鐘針擺之移轉，乃有之。此可謂是心理上或物理上之時間感。若就事理言之，則絕不然。事理上之現在必有寬度。其事愈大，持續性愈久，變動性愈多，其現在之寬度亦愈廣。既如中日抗戰，其事現在已逾五足年，絕不能謂其刹那刹那全成過去，全歸消失。

今再就此推進一層言之。中日戰事，亦不得謂其起於民二十六年之「七七」。當知自民二十年「九一八」以來，其事端緒已見。此不待深識洞鑒之士，亦可預矚中日戰局之必然性，其事早已逐步展開。惟昧者不之察，必待事變之愈演愈著乃覺耳。如此再推前言之，當知中日抗爭，其事亦不待於民二十年之「九一八事件」。今爲省卻文字累贅，徑可謂中日相爭，其事遠始於「甲午之役」。而甲午之役尚復有其前因。當知甲午一役，中國雖敗，日本雖勝，然不得謂其事已屬過去。甲午一役之勝敗，僅爲中日兩邦開始鬥爭之第一幕。其事必有持續，而於持續中又必有變動。故絕不當竟目日本爲勝者，中國爲敗者。旅順、大連之割讓，臺灣之吞併，東三省之喪失，亦與平津京滬武漢廣粵之占領，同在持續演變中，同爲一現今尚存在之事變之一部分，不得徑目之爲過去，其事實尚活躍而現在。而中日戰爭，亦絕不能在今日忽然遽止，而仍必有其必然之將來。則此中日戰爭一歷史事件之有其活躍之現在性者，至少當延及百年之久。

舉此一例，始知人事乃由過去穿透現在而直達將來。過去與將來凝成一片，而共成其爲一有寬度之現在。研究歷史者，實即研究此一有寬度之現在事件。其事活潑現在，且已直透而達將來，豈得謂歷史只屬於過去人事？

二

今再就此更進一步論之。當知中日抗爭雖爲百年來之一事件，而目前活躍現在之事件，則尚有不盡限於百年之間者。如東西文化接觸而發生交涉，此又一事件也。就其某一性質論之，中日抗爭亦可消納融化於東西文化接觸而發生交涉之過程中，認爲僅屬於彼事件之一節。此東西文化接觸而生交涉之一歷史事件，則其端緒之涌現，已不止三百年之久，其事尚活躍現在，爲人類當前一大事件；而此事仍有其必然之持續與演變。此一事件之活躍現在性，較之中日抗爭更爲寬闊，更爲持久，而其全歷程之可能的變動亦更大。

吾儕研究歷史，實即研究此一活躍現在之事件。惟此事件之現在性即甚寬闊，故研究此一事件者，勢必回瞻數百年之前，遠眺數百年之後，乃克勝任。否則若僅目歷史研究爲只限於人事之已往，則其人與骨既已朽矣，其事亦如烟消雲散，不復存在於天壤之間；吾儕何必耗此間心血，爲陳死人算舊帳，爲許子之不憚煩？

今再推進一步論之，則所謂歷史事件之活躍而現在，其事復有不盡限於三百年之久者。姑隨意想偶及，再舉數例言之。如中國人之南洋移殖，中國西南與東北之開發，中國西北部之經濟衰替；此等事件，繼續演進，皆不止三百年之久。其事皆遠在東西文化接觸以前早已開端發軔，而持續迄今日，尚未見其停歇。然則歷史如千絲萬縷，長條垂掛，各自有其端末，亦各自有其體狀。同時又相互牽搭，經緯交織，而成一整幅。其間有長條，亦有短縷。如「辛亥革命」，其事

雖屬過去，而實未過去。此乃一長絲，將縣延永恆，影響於中國民族歷史之將來者漫無窮竭。如洪憲稱帝，其事則只爲一短縷，只爲經緯交錯中一紇搭；其在歷史事變中。僅屬曇花一現，僅有其消極之妨害性，終將隨歷史大浪沖刷漸盡，而無所謂積極之持續。

故凡一歷史事件，莫不有其相當之持續性，而其間復有積極、消極之分。積極者，乃此歷史大流之主潮；消極者，乃此歷史大流之漩洑。更有泡沫浪花，雖亦歷史大流之一相，而實無當於大體。然則爲吾中國歷史之主要大流者繁何？曰：此必爲吾國家民族文化之緜歷與發皇，吾國家民族文化之奮鬥與爭存。捨此皆不足以當吾歷史之主流。此一事活躍現在，而自有文字記載以來，辜較言之，亦已持續及於五千年之久。而繼此以往，仍必繼續演進，繼續不失其活躍之現在性。研究歷史者，苟得此總綱，則千條萬縷，縱經橫緯，無不入扣。故研究歷史者，其最要宗旨，厥爲研究此當前活躍現在一大事，直上直下，無過去，無將來，而一囊括盡。非此不足以語夫歷史研究之終極意義而克勝任愉快。

三

今再轉辭申說。歷史乃一時間性的學問。而歷史上之時間，則與心理、物理上之時間不同。如循鐘上尖針，一分一秒，歷歷移轉，此一秒以前爲無窮之過去，此一秒以後爲無窮之將來，僅

此針尖目前所指乃屬現在；而針尖又息息不停，目視所指而所指已移，一秒之間，仍可劃分。推極言之，勢必更無現在。世界只有過去與未來兩大片，上無端，下無底，現在則晃盪移動，更無著落。譬之一紙，黑白相半，白屬過去，黑爲未來，若有一線判其際限，此爲現在。再以內心默觀相證。念念相續，而亦念念不停。前念倏去，後念倏來，前後念際，別無空際可駐一現在。方認此念現在，而此念早成過去。一如鐘上針尖，刻刻移動，刻刻轉變，轉瞬同歸消滅。然此等皆超脫事外，始有此象。若一落事業，性質則復不同。事業莫不有其相當寬度之現在，不得如鐘行一秒，心轉一念，割裂劃分，而實爲一有距離之進行。在此進行中，有持續，亦有變動，而自有其起迄，而成爲一事業，成爲一生命。歷史正爲一大事業，一大生命。故歷史上之過去非過去，而歷史上之未來非未來。歷史學者當凝合過去、未來爲一大現在，而後始克當歷史研究之任務。

然由此再深入一層論之，歷史上之過去非過去而依然現在，歷史上之未來非未來而亦儼然現在；則過去尚未去，未來早已來，過去與未來將如兩大厚鐵板交壓在現在之上，豈不使現在將絲毫動彈不得，歷史成一十分命定之怪局乎？曰：此又不然。若就超乎事爲之時間言之，則現在刹那即逝，誠有不可控搏之感。若就本乎事爲之時間言之，則現在有無限量之寬度，吾儕正可在此

無限量寬度之現在中不斷努力，以把握將來而改變過去，以完成其理想與完美之現在。此何以言之？請再舉實事爲證。

若謂中日已往衝突全成過去，則過去不可改。此如鐘針一移，時不再來，前一秒之光陰即永久消失。心念一轉，則前念亦空，瞬息逝去，萬馬難追。如此則不僅朝鮮、臺灣、東三省盡成敵境，即南京滬杭平津武漢粵廣亦永屬淪陷。惟其不然，故事雖過而未過，猶可改變。所謂改變過去，實即改變將來。此將來與過去，實同一現在也。故將來雖若不可知，而早已全身湧現，儼然現在，故使吾儕乃得著手將其改變。否則如後念未起，永不知所念爲何，又如何著手用力？

故凡歷史上之事變，扼要言之，乃盡屬一種改變過去與改變將來之事業。若不能改變過去，復不能改變將來，則人類歷史將永遠如水之流，如花之放，成一自然景象，復何歷史可言？故歷史實爲人類事業之不斷改進，而絕非命定。研究歷史，即謂其乃研究如何改進現在人事之一種學問，亦無不可。

四

今請再設一譬以喻吾意。作者曾將此文大旨於某大學作一公開講演。講演乃人生中一事業，此一事業亦自有首尾起迄與其寬度之現在。蒞場聽講者，雖在事前，早知講者爲誰，講題緊何，

講演過程當歷幾何時。此則事雖未來，儘已前知。若論所講內容，則聽者非通貫前後，不能遽

曉。若中途入席，屢聽一二語即行離去，將茫然不知所講之何義。當知一番講演，乃整個一現

在，不可分割。豈可謂前半時所講已屬過去，後半時所講則尚未來。實則其事乃全體湧現，不過

自有其時間上之寬度以爲其持續與變動之地而已。若將一篇演講，一分一秒割裂，即失去演講之

意義。將所講某語，一字一聲割裂，亦將失去此一語之意義。今獨於全部講演中屢聽一語，又於

全語中屢聽一字，即就此字此語，自謂明得全部所講宗旨，豈不大謬！同樣言之，若其人對「七

七」以來中日戰爭全未理會，只看今日報紙，便謂瞭解目前戰局；其謬直與聽一語一字自謂已知

全篇演辭者正相等。今之謀國是、論時局者，皆於已往歷史絕不曉瞭。彼意特謂歷史乃前人陳

迹，與己不涉；而不悟其猶聽講演只聞一語一字便妄加評衡測度，則宜乎其多戾也。

割截前後，只就一語一字衡量全講，其爲無當，固已顯矣。若其人只聽半截講演，即離席他

去，此亦未必能知得全講大意。不僅不知得全講，抑其所聽前半截，亦尚在動盪變化中；苟非聽

徹下半截，將仍不明其究竟意義之所在。比如讀中日戰史者，若僅看至今日爲止，亦安知此次戰

爭之究竟如何結束乎？古語云：「蓋棺論定」。此謂人之一生非到終極，即不易判其真相。歷史

事件亦各有一終極。若非徹底研尋，只認得過去，便謂一成不變，則是震於項王之破邯鄲，而不

知其有隙下之圍也。

然若就大題目大綱領看，則歷史事件之較大有關係者莫不活躍現在。莫不各有其將來，莫不如神龍之見首不見尾。然則研究歷史，不斷在記憶過去，瞭解現在，與把握將來，其理自顯。故謂過去爲一成即變者即誤，謂將來乃茫無把握者亦誤。當知將來可以改定過去，而過去亦可控制將來。此如聽演講人，雖聽前半截，雖未徹底領略後半截，然此後半截講演之路途傾向則大體自可預知。其實過去事模糊不清者甚多，聽一小時講演，豈能從頭到尾，語語記得，字字勿忘？未來事情清楚有把握者亦甚多。聽人講演，所講尚在此，而所聽已可越而至彼；故所聽有早於所講而呈現於聽衆之腦際者。若聽前言絕不知後語，此必講者漫無章則，首尾橫決；聽者非索然寡味，即矇然欲睡。過去不能包孕未來，不能控制未來，則此過去便成死絕，便成寂滅，亦便與歷史無關。

人之一生，以前種種早經忘卻者不知幾何，以後種種可以預料者亦不知幾何。故謂過去必可知，未來必不可知者，亦妄也。然則過去有可知有不可知，未來亦然，亦有可知有不可知。過去與未來相互擁抱，相互滲透，而其機括則操之於現在。而現在則絕非一瞬息一刹那，即過去即未來皆在此現在之寬度中。必領略此意，乃始於歷史研究得有神悟，得有妙契。

五

將欲於歷史研究得神悟妙契，則必先訓練其心智，習爲一種綜合貫通之看法。請再就內心默觀之一事論。若僅就心相變化分別體玩，則前念後念倏起倏滅，剎那剎那各歸寂盡。然若就心相變化綜合而通看之，則心包性情，自有條貫，並非念念無常，而乃生生不息。念念無常者，前念後念各自獨立，不相滲透，不相融貫。生生不息者，前後念際自有生機，融通貫注。儒、釋之辨，即在於此。孟子論「牛山之木」，亦就去、來、今三境，融會綜合，識取其生機，而曉瞭其前後之變化。若分別割裂，使去、來、今三界各各凝定，即各各隔絕，生機已窒塞，實相亦解體，此去、來、今三世便全成虛空，渺無著落。

即如人之一身，若呼吸，若血行循環，若消化排洩，若細胞新陳代謝；苟不從其人全體生命綜合融通看之，亦莫非剎那剎那各自起滅，各自寂盡。然就生命全體看，則起滅中有生命貫注，寂盡中有生機常在。讀史當悟此意。否則秦皇、漢帝、唐宗、明祖何一非歸滅盡？然此亦如一呼吸，一循環，就民族生命全程觀之，此乃生生不息中一過程，此過程尚活躍現在，豈得謂是過去之陳迹？故於「空間」諸相不能融貫，即於「時間」諸相亦難通透。

此所講之新史學，其實昔人已早言之。司馬遷所謂「究天人之際，通古今之變」，此即融貫「空間」諸相，通透「時間」諸相，而綜合一視之。故曰「述往事，思來者」。惟昔人雖有此意，而未嘗以今世語道達之，今則姑以名號相假借，稱之爲「新史學」。史學殊無新舊，真有得

於史學者，則未有不能融貫時間相，通透空間相，而綜合一視之者，亦必能如此，而後於史學真
有得，而後於世事真有補。

本此推說，則今日所需之新史學家，其人必具下開諸條件：

一、其人於世事現實有極懇切之關懷者。

二、其人又能明於察往，勇於迎來，不拘拘於世事現實者。

三、其人必於天界、物界、人界諸凡世間諸事相、各科學智識有相當曉瞭者。

四、其人必具哲學頭腦，能融會貫通而籀得時空諸事態相互間之經緯條理者。

如此乃可當於司馬氏所謂「究天人之際，通古今之變」，而後始可以成其「一家之言」。否
則記注之官，無當於史學之大任。孔子曰：「焉知來者之不如今。」姑懸此說以待之。

六

故友張君蔭麟，始相識在民國二十三年春夏間。時余與張君方共有志為通史。常謂張君天才
英發，年力方富，又博通中西文哲諸科；學既博洽，而復關懷時事，不甘僅僅為記注考訂而止。
中國新史學大業，殆將於張君之身完成之。豈期天不假年，溘然長逝。此數年來，強寇壓境，蹙
吾半國；黌舍播遷，學殖荒落。老者壯者無所長進，少者弱者喪其瞻依，張君獨奮志潛精，日就

月將，吾見其進，未見其止。明星遽墜，長夜失照，眺前矚後，豈勝悼愴。特草此文以當追念。而斯人不作，安得復相與一暢論之。然後生可畏，焉知來者之不如今。是所望於誦斯文而有慕於張君者。

（民國三十二年一月《思想與時代月刊十八期》）

中國歷史教學

一

談到歷史教學，應能雙方兼顧：一是歷史本質，一是初學歷史者對歷史之瞭解力。如是，始能收歷史教學之功效。

歷史本是各時代的人事紀錄，因此講授歷史，可分三階層遞次升進：

一、以事件為中心。

二、以人物為中心。

三、以時代為中心。

此三階層，乃一切歷史之底層基礎。學者必先瞭解此三基層，纔能瞭解歷史之最深意義。

第一階層的教法，講歷史如說故事。學者對此最易發生興趣。如讀三國演義，讀者心中必會先知道有諸葛亮舌戰羣儒、借東風、火燒赤壁、以及失街亭、空城計、斬馬謖等種種故事。如讀水滸傳，讀者心中必會先知道有林冲火燒草料場、武松景陽崗打虎、醉打蔣門神、宋江潯陽江酒

樓題詩等種種故事。歷史一如小說，若歷史故事全不知道，他如何能知道得歷史？

第二階層的教法，便進了一層，事件以人物爲主腦。讀了三國演義，讀者心中漸漸知道有董卓、袁紹、曹操、劉備、諸葛亮、周瑜、司馬懿等諸色人物。此等人物，逐漸在讀者心中，鮮明活躍。必待瞭解了此等人物，纔始更能瞭解此等人物所幹的事。但更應注意者，我們是先由他們所幹的事來瞭解他們的人。若於他們所幹的事全不知，也將無法瞭解他們那些人。

第三階層的教法，便又進了一層。我們由這些人，這些事，獲得綜合影像，而瞭解到那一個時代。如讀三國演義，到赤壁之戰，讀者心中必會舒一口氣，覺得緊張局面過去了，時運有轉變了。讀到關羽走麥城，失荊州，便覺前面一片黑影，希望消失了。讀到五丈原諸葛亮病終，便覺時代沒落，一切都完了。此是時代瞭解。

綜合了對於歷史事件之知識，抽象出人物瞭解；綜合了一切事與人之知識，抽象出時代瞭解；這是對於獲得歷史知識所必需尊循之步驟。繼此以往，才始可能有更多更深之瞭解。但必需有上述三階層爲之作基礎。

二

如此教歷史，自能使學者感到興趣。雖若卑之無甚高論，但就歷史教學之功能上言，卻已可

有甚大效驗。首先可使學歷史而養成他懂事，使學歷史者在不知不覺中接觸了人生之大局面。其次使他知人。又次使他知有時代，有世運。開拓心胸，使學歷史者在不知不覺中接觸了人生之大局面。

解事不易，知人更不易，論世尤更不易。若教歷史，能使學者成一曉事之人，進而能知人，能論世，歷史教學之功能，到此境界，已可無憾。

曉事，先使知「成敗得失」；知人，先使知「賢奸忠佞」；論世，先使知「盛衰治亂」。此等皆是大綱大節，既具體，又客觀。有時代公評，有歷史定案。使我們在大體上不得不接受，不得不承認。

近代中國人講歷史，卻易犯有許多毛病。試拉雜數說。有一種毛病，是忽略歷史本身而泛濫地放縱到其他方面去。如講漢代史，把漢代的大事件、大人物、時代之大轉變等，尚未交代清楚，卻廣泛地講述漢代經學、漢代文學、漢代藝術等。當知學術史、思想史、文學史、藝術史，皆涉專史範圍。學者不僅當知歷史，並當通文學，才能講文學史；通藝術，才能講藝術史。如讀三國演義，讀者自能知道曹操之爲人，卻不易懂得曹操之文學造詣；讀者自能知道諸葛亮之爲人，卻不易懂得諸葛亮之學術立場。

又一種毛病，好籠統抽象搬弄許多歷史上的專門名詞來闡說，卻使學者先墮入五里霧中。如講魏晉南北朝史，學者於王導、謝安之為何等人物，曾幹過何等事業，在他當時曾發生了何等影響，全不知道；卻專對他們來講述王謝門第。試問初學歷史的如何能接受，如何能瞭解？

更大的毛病，卻是專把現代流行的一些新名詞來講舊歷史，如「封建社會」、「專制政治」等。猶憶二十餘年前，我曾到北平師範大學去講「秦漢史」。據說那學期師大開此課，已有兩教授。一開講，學生便質問：秦代開始，究竟是封建社會結束了，抑正在開始？此一問題，把兩教授困住了。相繼憤而辭職。遂中途強邀我去承乏。我一開講，先要求學生，且聽我講過秦代歷史之大概，再來討論此問題。待我講述了幾堂，結果學生也不再提出此問題了。大家願意照我所講的次序講下去。譬如你講水滸傳，聽眾自情願你把梁山泊的人物故事，不斷講下去；卻不情願憑空來討論水滸傳當時的社會形態乃及政治背景等。待你把水滸傳的人物故事講完了，他明瞭了此等實情，自易使他自己去推想和闡悟當時的社會形態和政治背景。

另一種毛病，即是講歷史總喜歡講背景，如所謂歷史背景、時代背景、社會背景、政治背景、思想背景等。當知講背景，必須提出一「主體」。必依附於此主體，才始有「背景」可言。若我們不瞭解孔子其人，如何先來講孔子之背景？空有了一切背景，仍須從此主題顯出。一切背景，仍顯不出這一個主體來。必先有了這一個主體，才能依此主體來描繪其一應的背景。

更有一種毛病，近人講歷史，一開口總喜歡講文化。其實文化那一題目，是很難講的。從前人學歷史，必先讀正史中之「本紀」與「列傳」，才進而讀「志」與「書」；必先讀資治通鑑，才轉讀到文獻通考。類如政治制度、社會經濟等項目，比較屬於專門範圍，並不如普通史之易於瞭解。如若文化史，更是新興的一種研究。更專門、更抽象、更複雜、更綜合。初學歷史的，如何能接受與消化？

四

讓我簡括的說一句：一個不曉事、不知人、不識時的初學，絕難和他來高談學術系統、思想派別、文學流變、藝術境界、社會形態、政治組織、時代背景、文化精神等，種種複雜錯綜的觀念，種種專門抽象的理論。若我們先後輕重倒置，如此來講歷史，最多只增多了學者們的意見，卻並未給與學者以知識。

五

歷史的教學和歷史的研究不同。我不反對研究歷史的人在此諸方面作專門高深的研究，但在教初學歷史的人，應使先知道一點普通歷史，卻不該廣泛牽涉到這些複雜而高深的題目上去。其

實此兩事，不僅並行而不悖，抑且相得而益彰。教歷史的，修養愈高，深入淺出；學歷史的自能心領神會，循序漸進，忽不知其已然闖進了歷史複雜高深的境地。

讓我們千萬莫認為曉事、識人、知時，是些平常容易的事。在我們自己沒有確實自信的研究所得，在我們沒有深知灼見，獨特造詣以前，讓我們且把歷史上已往大事件、大人物、時代治亂盛衰之大轉變，依照著已往時代公評，歷史定案，忠實地傳授此知識給學生。學生得此基礎知識，自能循序漸進。至少在曉事、知人、論事的教育功能上，已有莫大貢獻了。縱使我們自己對歷史有一番特創的新見，也不該傾囊倒筐而出之。我們該為初學歷史的人設身處地。俯就於他來循循善誘才是呀！

六

或疑如此教歷史，是否會使歷史教學與時代潮流相隔絕？我想，歷史教學的功能，若真能達到使學者有曉事、知人、論世之修養，此則決不會與時代潮流隔絕。

或疑如此教歷史，是否會使歷史只有些故事、人物與時代，而陷於散漫無系統？我想，凡講述歷史故事與人物之選擇，指陳時代之轉變，在教者心中本該有一個系統作底，也決不會散漫無系統。

一切主要的任務，還是落在教者自身對歷史之認識與修養上。要之，就歷史教學論，則總必

就於上述之三基層作中心，則是無可懷疑的。

（民國四十六年三月二十三日香港教師會講演，刊載於

民主評論八卷八期，原題為論中國歷史教學問題。）

歷史教學與心智修養

歷史是已往的人事，人事是將來的歷史。

歷史只是人事之縮影，人事乃是歷史之積累。

無窮的歷史遺傳，規定了人事。不斷的人事努力，創新了歷史。

研究歷史，爲要瞭解人事。但不通人事，亦將無法瞭解歷史。

若把歷史和人事分開，歷史將成爲一堆無意義之材料，人事將成爲一叢無規律之活動。

因此，歷史教學，首先須培養一番對人事關切的心情。若對當前人事不懂關切，亦將無法深入瞭解以往一應的歷史。

歷史該從何說起？當從當前人事說起。

太史公曰：「究天人之際，通古今之變。」我們當從人推天，當居今溯古。有了子孫，才能上推他的父祖；到了耄期，才能回溯他的幼年。

歷史重心在當前，不在以往。因此教學歷史，必須培養他對於當前人事之關切。若不懂關切當前的人事，也決不會關切到已往的人事。

歷史有否趨勢可言？曰：有。歷史趨勢，乃屬一種「當然」而非「必然」。從後推前，若事事有其必然。從前推後，卻事事不見有必然。

人之自幼至老，自祖有孫，是當然，非必然。

因此教學歷史，必須培養一種「綜合的心智」。不能綜合，便不見此當然。

要有綜合的心智，更貴有「廣大的興趣」和「平衡的智慧」。

廣大的興趣和平衡的智慧，好教人不執一概全，不輕下斷語。

歷史有「常」亦有「變」。

歷史有價值之變，則必然是非常的，決不是循常的；但亦不能是違常的。

每一個有價值之變，便是歷史之創新。

每一個歷史之創新，必然發動於非常高心智的少數人，決不發動於循常習故之多數人。

依遵於循常習故之多數人，歷史常見頹趨。

斡旋此頹趨者，乃在少數高心智的人。

但此高心智之少數人，也決不能違常的而斡旋此趨勢。乃是變於常而終合於常的，乃能開創新趨勢。

因此教學歷史，不僅當瞭解「事」，更該懂得欣賞「人」。

由高心智之少數人而醞釀出遠大的理想與懇切的意志，而始開創出歷史上非常的新的事業來。

由於此非常的新的事業，獲得多數人之景從，而形成了歷史上可常的新趨勢。

歷史上的趨勢，則總是表現於多數的。

因此教學歷史，須瞭解歷史價值。此項歷史價值，則從少數人之理想與意志中創出，而又必獲得多數人之同情。

歷史心智，是該在「尊重多數」與「欣賞少數」之間而得其平衡。

因此，教學歷史必該分從「人物」與「事情」之兩方面而求得其瞭解。欣賞人物，該懂得每一人物之內在之「德性」與其所表達之「智慧」。瞭解事情，該懂得每一事情之一切相關之「理」與「勢」。

「德性」與「智慧」，「事理」與「形勢」，四者間之錯綜複雜，配合起而完成了歷史。歷史教學，可以培養人提高自己的德性，加深自己的智慧；又於每一件外在的事，能深細剖析其內在之理路與其外在之形勢。

四者缺一，便不能真瞭解歷史；四者缺一，便不能真瞭解人事。

真能指導人生的人，應該是真能瞭解歷史的人。否則也必然和歷史大趨相暗合。

昧於此歷史大趨而違背了它，一面是那事業之失敗，另一面則是爲歷史增添了幾頁黑暗面。

（民國四十七年五月香港教師會講演

綱要，刊載於《人生雜誌》二二七期。）

中國史學之特點

一

若要指陳中國文化之特點：其人民對於歷史之重視，以及其史學之成就，亦當爲主要一項目。

中國擁有關於其人民活動及文化演進之悠長歷史，已達五千年。而且此項歷史，自始即在廣大地面上展出。一部中國史，論其所包疆域之廣袤，亦爲世界任何各民族之歷史所莫逮。

中國歷史，一開始，便絕少神話成分，此即充分表現其人民所天賦之清明的理智。中國古史傳說，在五帝以前有三皇：燧人氏，庖犧氏，神農氏。此正代表初民社會文化演進之三階段。燧人氏代表此時代人民始知用火及熟食，庖犧氏代表此時代人民已知畜牧，神農氏代表此時代人民已知耕稼。此三個時代文化之演進，主要都由人類中一位或少數傑出聖人之發明。此後中國文化注重「人文本位」精神，即在此種古史傳說中已露出端倪。

三皇之後爲五帝。漢代大史學家司馬遷著史記，認爲三皇傳說非信史，故其書自五帝開端。

五帝中之堯、舜，以及此下夏、商、周三代之禹、湯、文、武諸王，綜合其在歷史上所記錄下之事業而言，可說他們之所以摶成此民族，創建各王朝，卻全憑人類所能表現之一種最高道德，而不尚財富與武力。我們縱說此等故事中，亦有傳說成分，非可盡認爲是信史；但此後中國文化特別注重道德文治精神，不尚財富積聚與武力征服，亦已在此等古史傳說中透露。

近代殷墟甲骨出土，證明了司馬遷史記所載殷本紀諸帝王世系大體可信。史記夏本紀，正與甲骨文中商代的先王先公同一時期，亦可證其當同樣可信。下及周初，已有詩書傳後，在詩書中所表現者，不僅多數可視爲當時之信史，而且亦極充分地表現了中國人之清明的理智，及其人本的、道德的、文治的文化傳統精神。

二

西周中葉，共和行政，下及宣王中興，那時已開始有逐年記載的歷史。從此直迄現代，兩千八百餘年，中國歷史中便從來沒有一年中斷。此事爲舉世各民族所稀有。

至晚當即在周宣王時，政府已單獨設置了史官。從中央王朝外及諸侯列國，均有史官分駐。按年按月，各地有重要事件發生，那些史官，均須互相報告。待把這些報告彙集起來，各地便各自有他們一部編年的歷史記載了。可說那時已建立了一個頗爲完密的「歷史網」。所以各國的歷

一九六

史，雖是地方中心，而同時卻又是全國性的。也竟可說其已經是當時的「世界通史」了。

而且史官在政府中，其地位是超然獨立的。春秋時，齊太史爲直記「崔杼弒其君」，崔杼把他殺了。其弟二人續書，都殺了。又一弟仍續書「崔杼弒其君」，崔杼無奈，只好罷手不殺。在齊國南部另有一史官，聽說齊國史官都被殺了。他執簡而往，預備由他來據直記載。他聽到這條據實記載的史文業已寫定，纔回他原駐地去。這一故事，正可十足表現出中國人自始即重視歷史記載的精神。我們又據「崔杼弒其君」一語中之「其」字，也可推想那時史官地位是超然於當地政府之外的了。

春秋時又有晉太史董狐書「趙盾弒其君」，時趙盾正出亡在外。董狐說：「你是晉國正卿，逃亡沒有出國境，回來又不討賊，那能說不是你弒君呢？」趙盾也就由他了。後來孔子極贊賞董狐，說他是「古之良史」。那便是中國史學上之所謂「筆法」了。用現代人觀念來說，記錄歷史，不僅要據事直書，而且當記出那事件之內裏的實情來；此始謂之良史。

這是說當時的官史。待到孔子，他根據當時魯國史記來重行寫定一部春秋。那是中國由私家寫史的第一部，也是孔子畢生僅有的一部著作。這又是中國人一向重視歷史之一證。以下中國歷史遂永遠有「官史」與「私史」之兩類。

三

孔子春秋，共僅兩百四十二年，分三世，一稱「所見世」，一稱「所聞世」，一稱「所傳聞世」。再往上，孔子便不寫入春秋。這是孔子寫史之謹嚴處。

孔子以下，中國第一個史學大家要輪到漢代的司馬遷。他所寫史記，雖遠從五帝開始，但春秋以前，他只根據舊文略加整理。他所意寫的，也只是戰國以下迄於他的當年，約略兩百幾十年的一段時期；正和孔子春秋的所見世、所聞世、所傳聞世大體相似。

司馬遷雖是漢朝的史官，但他那部史記，也是師法孔子的一部私家著述。他書中對當時的漢武帝，以及武帝一朝文武大臣和他同時的，都能據事直書，並有許多嚴歷的批評。但此下漢代君臣，還是十分看重此書，保留其本來面目，不加以更動。這亦是中國傳統文化重視歷史之一種特有精神。

司馬遷以下，不斷有繼續史記來寫史的。到東漢初年，班固把此各家彙集來整理成一部漢書。漢書前後，也只共兩百多年。此下每一朝代亡了，便有人來把此一代史事整理成編。或出政府，或由私人。公私雖異，其注重據事直書之精神則大體如一。直到近代，共有了二十五史。這也可說一直是保留著孔子作春秋的精神。因每一部新寫的歷史，最多也不過三四百年，正是所

見、所聞、所傳聞；時代接近，此因記載也比較切實而謹嚴。

而且中國歷代政府，也一直都維持有史官之設置。把每年每月每日大事，隨時記下。唐太宗時，他曾向史官討他們的記錄看，但史官拒而不許。說：史官所記，是供給後人看的，你是當事人，不便看。唐太宗也沒法定要看了。可見中國史官之超然獨立地位，大體上還始終保持著。

中國歷史，正因爲注重逐年逐月記錄，不待事後追述，所以比較近於科學客觀精神。而且歷史是由人創造的，中國歷史記載，又特別注重在「人物」一項，此所謂「紀傳體」。此體乃由司馬遷所創，這也是中國傳統文化重在人本精神之一種表現。

中國歷史記載人物又是頗重客觀精神的。只要在某事件裏有某人物參加，只要某人物在當時表現了某事件，便替他們人人分別作傳。譬如漢高祖、唐太宗得天下，這不是漢祖、唐宗一人之事，乃是當時一批人之事。有相隨漢唐得天下之人物，有與漢唐爭天下之人物。中國史家便把這些人一一分別列傳。不論其人賢奸、智愚、成敗、得失，只要和當時歷史發生關係的，便全有他們的傳。初看中國史，好像頭緒紛繁，一人一地分列著；但若看熟了這一代的歷史，便易對當時所發生的事情瞭如指掌了。

中國歷史主要分上述兩類。一是「編年」，逐年的記載；一是「紀傳」，分人的傳述。這不僅比較更近於科學客觀精神，而且中國歷史，因其注重人物，故能兼具了教育的意義與功能。

在歷史中有不能分年分人寫的，如天文、地理、物產、經濟、社會、禮俗、制度、法律、文藝、學術、宗教信仰等。在中國史書中又有「書」與「志」之一體，把此等來分類記載。此一體亦由司馬遷首創，而後代史家加以變通活用。不僅在二十五史中各有志與書，而且有專就此體來寫專書的；這就變成各項分類的專史了。這一類在中國史書中，極爲繁富，不便詳述。

四

上面所提，中國史中的編年和紀傳，可說是記錄了歷史之動態。書和志，可說是紀錄了歷史之靜態。至於分著事件來寫歷史的，中國亦有此體，後來稱爲「紀事本末」。此體在中國史學上發展較晚，而且較不受重視。這又爲何呢？歷史本來應該注重記載事件的，但歷史事件如長流之水，難可割截。不僅每一事之先後起迄沒有一定的界線，而且同時此事與彼事之間，實際是相互有關，相互通透，很難明確地劃分的。所謂歷史事件，正可把中國儒家相傳兩句話來形容：一如孟子所說之「必有事焉」，此一事之外，則更無別事。一如宋程子所說之「本來無一事」，因此事、那事實屬一事。此一事之外，則更無別事。只因寫史者各憑方便來分立題目，隨宜敘述，遂像歷史上眞有這事與那事之分別了。

因此，若專偏重事件來寫史，便更易多帶進了寫史者之主觀成分，而與歷史之眞實經過之全

體情態走樣了。寫史者先認定了這件事與那件事，便有許多事轉會遺漏忽略。而且寫史者對其每一事之描寫，又必在無意中先認定了此一事之前因後果；於是其敘述時之取捨詳略，又易先有了一標準。驟看像是扼要而明備，但只要時代變了，後人對歷史的看法變了，於是寫歷史的題目也隨之而變了。換言之，卻像歷史上的已往事件，一切會隨而變了。於是以前所記錄下的史料。到那時會感到不適合，不夠用。

中國歷史的寫法，重要在不分事題，逐年記載、分人記載、分類記載。驟看好像僅是一堆材料，而主要價值，也正在其是一堆材料上。正在其不把那些材料來分立題目。因此中國歷史，頗少成體成段對某一事件作有條理之敘述。而那些事實，則亦同樣包羅無遺。這正是中國史之長處，也正是中國史學之謹嚴處，正是其更易接近於歷史全體之客觀真實處。只要有此一堆堆的材料，便易使人對此等材料繼續去自由探討，便於使人對歷史不斷有新鮮活潑之觀點與發現，易於使人對歷史有新體悟。因此說中國歷史是極富於清明的理智的。正因於此項歷史記錄方法之得體，而更易使讀史者對於已往人事考察，更增長其清明的理智。

換言之，分事寫史是「敘述的」，分年、分人、分類寫史是「記錄的」。記錄較近客觀，而敘述則較易於羼進主觀成分。這是此兩種寫史法之大分別。

而且寫史若以事件為主，則無意中便把人物附屬於事件。寫史者易於把此事件，就其個人所

認爲之前因後果，都刻意搜羅，表而出之，好像使人讀了易生興趣。但卻易使人生起一種觀念，認爲那事件之本身，自具有一種發展的内在規律，所謂「事有必至，理有固然」，而把人物在歷史進展中之主動力忽略了。易於使人發生出一種歷史的「命定觀」。

而且寫史若以事件爲主，又易使歷史有時脱節。因這一事與彼一事之間，未必緊相連接。於是每一事件，就都像驟然突起似的。這又易使人生起另一種的歷史「命定觀」。只是前一種命定觀，決定在事件之本身；而後一種命定觀，決定在事件之外面。前一種像是可知的，後一種像是不可知的，而其爲一種歷史的命定觀則一。歷史成爲命定，則人物便退處無力了。

又若寫史以事件爲主，則往往使人容易去挑選那些聳動耳目的特出事件，像大戰爭大革命等。在此等事件中，又易使人引起兩種不正確的歷史觀：一種是「英雄觀」，認爲歷史常爲幾個傑出非常的人物所激起。一種是「羣衆觀」，認爲歷史常爲一羣亂糟糟的羣衆一時盲目衝動而造成。

五

中國歷史正因爲是按年記錄的，所以易於使人瞭解歷史是一個整體，其間更無間歇與中斷。

又因爲中國歷史是分人立傳的，把一切事件全分散到各有關的人物的傳裏去，所以易於使人瞭解

歷史由人主動，乃由人的共業所形成。縱使在此許多人物中間，也有少數傑出的英雄，又有多數無名無傳的羣眾；但在這兩端之中層，卻還有不少人物，各有作用，各有影響。其作用影響，或大或小，或正或負，相反相成，而始得成此一共業。歷史乃由人類之「共同業力」而造成，既非盲無目的，亦非一二人所能操縱。這一看法，更近於歷史演進之真相；而中國史正著眼在這一點上來描寫。

而且中國歷史上之人物列傳，往往對每一人物，總是由生到死一線的記載下。其文體乃是「人」為主而附見以「事」；因此容易使人明瞭到每一人的個性與人格，才智與德行。乃是由各色各樣的人來共同參加這一事。事由人而決定，並非由事來決定人。

而且，歷史上總有衰微與黑暗的時代。那些時，似乎無事可述，但一樣有人物。那些人物，則一樣有事業。因此分年分人來寫史，歷史便成為一貫的，而不致脫節與中斷。抑且在時代與事業之整個失敗中，仍可有許多人物。論其本身，卻有他本身的完成。有人說：中國人崇拜失敗的英雄。這正因中國歷史注重人物記載。因此在衰微黑暗失敗的時代下，卻仍見有許多人物存在。而且因於時代之整個失敗，而更見此等人物之精采。如此則更易使人瞭解到人類歷史永遠有其光明面，更易使人瞭解如何由人力來潛移默運，把歷史的頹趨扭轉上正軌。

而且，以事件為主來寫史，則有些人物和歷史大事件像是無關了。以人物為主體來寫史，則

一應人物，都和歷史有關，都成為歷史人物，都成為歷史的主人。而像若不成爲歷史之事件，也成爲歷史中有作用有影響的事件了。因此，中國人遇到社會腐敗、政治崩潰的亂世和衰世，常能回過頭來，在自己本身上努力。好像此人退出了歷史，其實正是向歷史而奮鬥。因時代事業可以有失敗，而人物本身則永遠有成就。只要人物有成就，失敗的歷史，又會重新走上成功的道路。這是人類歷史所以能永遠縣延的大真理。只有中國歷史的寫法，卻把這一歷史大真理明白揭示出來了。

讓我再重加申述上面的話。歷史是一個整體的，但若專以事件為主來寫史，便易使人把歷史當作一條線一條線來看。歷史是有人類自由意志的，但若專以事件為主來寫史，又易使人認爲人常爲外面事件所主宰而只隨之爲移轉。即是人在命定之中了。其實所謂「歷史事件」，卻是由人類意想所虛構而出的，由人把歷史整體加以重新組織而成的。歷史本身則只是一件大事，在此一件大事之內，由人挑選出某一段落之某一部分來認爲「歷史事件」，那些事件便一條線一條線似的，卻把歷史本身遮掩了。中國歷史之寫法，不過分注重在事件上，正是中國史學一特點。

六

中國歷史除上述編年、紀傳、紀事本末諸體之外，又有一門甚重要的，則爲「地方志」，分

著地域來記錄歷史。這是上述分類史中之一體，卻是中國史書中最後起之一體了。直到清代，省有省志，府有府志，縣有縣志；只要有此一地域劃分，便有專對此一地域之歷史記載。也有專載山川的，專載名勝古蹟的。甚至某一城市，某一寺廟，某一著名書院等，均有專史記載了。把歷史平鋪在地面上，正和把歷史分載在各個年月、各個人物身上是一樣的精神了。

中國歷史除地方志外，又有專記某一家族的，這是所謂「氏族譜牒」之學了。這一類，也是中國歷史之一大支。幾乎在中國，每一個較有社會地位的家庭，都可從歷史記載中查考這一家之最古由來，及其分支蔓延，乃及其遷徙流動，直到這一家之目前情況為止。

這裏最可用來作代表的，便是孔子的一家。直從兩千五百年前孔子當身起，到現代，共已傳了七十七代，每一代的人名都可稽查。有事業的，當然還記載其事業。因此孔子一家之史，便足縣歷了兩千五百年而直到現在。

不僅惟是，從孔子往上追溯，還是歷代有名字可稽。孔子在魯國，但可追溯到自宋遷魯之遠祖。其在宋國，本是宋國國君之分支，便可追溯到宋國之初封。又可從宋溯殷，直到商湯，乃及商湯以前。於是由孔子向前，他的家庭來源，尚可追溯到一千幾百年。孔子一家，直上直下，便有了將近四千年可稽考的家史了。這實在可說是全世界更沒有這樣第二部的家庭歷史的。

至於別的家庭，枝葉繁茂，遠勝過孔家的還多。大概在中國，有一千年以上可詳細追溯的家

庭，可說遍地皆是。

由家庭再轉到個人，中國有「年譜」一體。只要其人在歷史上有貢獻，有地位，後人把他的一生，從生到死按年排列，這是個人的編年史。中國也曾有過長篇大部的私人傳記體，但終於年譜盛行而長篇傳記則後無嗣響。這應有兩個原因：一是中國傳統向不喜把個人煊染得太過分。二是分年記載，比較樸實可靠。以近代觀念言，比較更客觀，更近於科學精神。故此體更為中國人所樂用。

七

茲再將上述綜括言之。中國人極看重歷史，極看重歷史記錄，並注重隨時記錄，隨時整理。政府與社會同樣注意此事。可說不斷有新的近代史出現。積累兩三千年，而從未間斷過。其記錄方法，又注重分年、分人、分地、分類，把歷史上一切經過，都分在幾個較自然、較顯見的體系下記錄。而尤所注重者，則為「人物」一項。因此中國史可說是一種「人文本位的客觀的記錄」。驟看像是一堆堆史料，而已往歷史的全貌，可是已儘可能地記錄保留下來了。因此時代變了，觀念變了，後代人要把一種新觀念來對古代史重新加以探尋研究，而那些史料仍會感得適用。中國歷代史籍盡量的保存到如今，而仍值得新史家之重視，其故在此。

中國可說是一個史料積集最富的國家。這一族這一文化，其各方面活動的分配，各時代生活的演變，可供此後全世界有意研究已往人類文化演進，作一最精細、最完備、最好的樣子與標本用。此即中國史學最重視之特點。

（民國四十七年十一月香港中德文化協會演講，刊載於香港人生雜誌十七卷四期。）

國家圖書館出版品預行編目資料

中國歷史研究法 ／ 錢穆作.--臺北市：素書樓文敎
基金會出版：蘭臺網路總經銷，民90
面；　　公分.--（中國史學小論叢）

ISBN　957-0422-28-9（平裝）

1.中國-歷史-研究方法

611　　　　　　　　　　　　　90000316

中國史學小論叢

中國歷史研究法

作　　者：錢　穆
出　　版：素書樓文教基金會
　　　　　蘭臺網路出版商務股份有限公司
總 經 銷：蘭臺網路出版商務股份有限公司
地　　址：台北市中正區懷寧街七十四號四樓
　　　　　電話（02）2331－0535
　　　　　傳真（02）2382－6225
網路書店：www.5w.com.tw
E－Mail：service@mail.5w.com.tw
　　　　　lt5w@ms59.hinet.net
出版日期：中華民國 90 年 2 月
定　　價：新臺幣 150 元

ISBN：957-0422-28-9